COMME LA LUMIÈRE AVEC LA FLAMME

Le bouddhisme du Tibet

SA SAINTETÉ LE DALAÏ-LAMA

COMME LA LUMIÈRE AVEC LA FLAMME

Le bouddhisme du Tibet

Traduit et édité en anglais
par Jeffrey Hopkins

Traduction française
d'Emmanuel Scavée

ÉDITIONS DU ROCHER
Jean-Paul Bertrand

Titre original : *The Buddhism of Tibet*, Snow Lion Publications, 1987.

ISBN 2 268 025659

Avant-propos

De tout temps, les êtres sensibles en général et les humains en particulier se sont efforcés et s'efforcent encore de construire leur bonheur par toutes sortes de méthodes différentes, selon leurs aptitudes. Cependant, pour une multitude de mauvaises raisons, de causes à fois extérieures et intérieures, ils ne cessent d'être tourmentés par de nombreuses souffrances, dont l'agitation mentale n'est qu'un exemple. À la différence des autres êtres vivants, les hommes se compliquent encore l'existence au nom de différences de pays, de races, de systèmes et de théories politiques. On lève des armées, on fait la guerre à cause de ces distinctions. Comme pour s'enfoncer volontairement le doigt dans l'œil, l'humanité développe quantité de techniques qui apportent leur lot de conséquences indésirables : la peur, la maladie, la faim, la mort prématurée…

J'ai pensé qu'il serait merveilleux, dans les circonstances si difficiles que nous vivons aujourd'hui, de pouvoir apporter un peu de paix intérieure, ne serait-ce qu'à quelques personnes, ne serait-ce qu'un court moment. Et puis, bien des gens intelligents réfléchissent et s'interrogent sur la signification de la vacuité. C'est pourquoi j'ai voulu faire traduire et publier les ouvrages suivants :

> *Le Bouddhisme du Tibet* et *La Clé de la Voie du Milieu*, dont je suis moi-même l'auteur.
> *Le Chant des Quatre Attentions*, de Kaysang Gyatso, le septième Dalaï-Lama. Cette œuvre ne compte que peu de mots, mais elle renferme l'essentiel des sūtras et des tantras.

La Précieuse Guirlande des avis au roi, du protecteur Nāgārjuna. Ce texte offre une bonne explication et un abrégé tant de la vacuité profonde que des grands bienfaits de la compassion, et aussi un éclairage sur les méthodes pour développer le bien social.

Le présent volume contient mes deux ouvrages, suivis des textes de Kaysang Gyatso et de Nāgārjuna.

Le moine bouddhiste Tenzin Gyatso, en l'an 2516 de l'ère bouddhique (1972), année tibétaine de la Souris d'Eau, le douzième jour du dixième mois.

I
Le bouddhisme du Tibet

TENZIN GYATSO
Le quatorzième Dalaï-Lama

Traduit en anglais par Jeffrey Hopkins
avec la collaboration d'Anne Klein
Traduit en français par Emmanuel Scavée

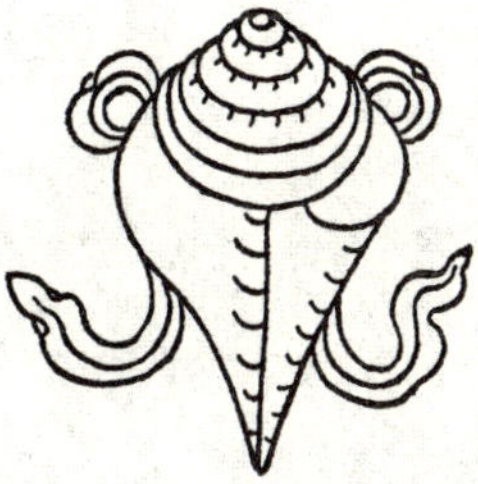

Préface

Cette introduction au bouddhisme du Tibet est destinée aux débutants. La première moitié est une version revue de l'appendice intitulé « Une esquisse du bouddhisme tibétain », qui fait suite à mon livre *Mon pays et mon peuple*. La seconde moitié expose brièvement la signification du refuge, la concordance des actes et de leurs fruits, les trois formations et la notion de Bodhicitta.

Puissent tous ceux qui cherchent la paix et le bonheur en trouver la voie.

Le moine bouddhiste Tenzin Gyatso
(le quatorzième Dalaï-Lama)

La nécessité de la religion dans nos vies présentes

La raison de notre besoin de religion est que le progrès matériel, si important soit-il, ne peut à lui seul engendrer un plaisir durable et satisfaisant. En fait, plus nous progressons sur le plan matériel, plus nous vivons dans une crainte et une anxiété permanentes. Grâce à nos progrès dans de nouveaux champs de connaissance, nous avons atteint la lune, que certains peuples considéraient jadis comme le refuge de leurs dieux. Peut-être, dans certains cas, les ressources de la lune et d'autres planètes pourront-elles être exploitées pour le profit des êtres humains. Peut-être aussi ces progrès finiront-ils par nous créer des ennemis en dehors de ce monde. En tout cas, ces avancées techniques ne pourront jamais apporter à l'humanité un bonheur absolu et durable. Elles ne nous procurent qu'un plaisir physique extérieur et donc passager, même s'il arrive que le confort qu'elles prodiguent suscite quelque satisfaction mentale. En revanche, chacun sait que, pour celui qui cherche le bonheur sur un plan purement spirituel, les épreuves physiques sont plus faciles à supporter. Cela vient de l'engagement dans une pratique religieuse et de la transformation de l'esprit.

En outre, il ne peut y avoir de plaisir dans cette vie sans religion. Le plaisir et la souffrance, qu'ils soient grands ou petits, ne peuvent être suscités simplement par des facteurs extérieurs et superficiels ; ils doivent avoir des causes intérieures. Ce sont les puissances ou les latences que les actions vertueuses et non vertueuses développent dans l'esprit. Ces puissances sont dans un état de dormance ; elles sont activées par la rencontre avec des causes extérieures. C'est ainsi que naissent les sentiments de plaisir ou de peine. Si ces puissances sont absentes, peu importent les facteurs extérieurs, si nombreux soient-ils, rien ne peut faire apparaître ou disparaître le plaisir ou la souffrance. Ces puissances sont engendrées par les actions accomplies dans le passé.

Ainsi, quelque forme que prenne la souffrance, il faut que l'on ait commis à l'origine une mauvaise action, par la faute d'un esprit indiscipliné, et, de ce fait, « accumulé » cette action. Elle se trouve en puissance dans l'esprit et, plus tard, avec la rencontre de certaines causes, survient la souffrance. Fondamentalement, donc, toutes les joies et les peines dérivent de l'esprit. Sans une pratique religieuse, l'esprit ne peut être discipliné, et sans discipline spirituelle, les mauvaises actions sont « accumulées ». Elles suscitent à leur tour dans le continuum mental d'un individu des puissances qui engendrent les fruits de la souffrance.

La nécessité de la religion pour nos vies futures

Même si, sur certains plans d'existence, les êtres ne sont qu'esprits, la plupart des êtres sensibles ont aussi une base physique. Tant le corps que l'esprit ont une cause directe. Si nous prenons l'exemple de la naissance, la cause directe du corps est la semence du père et le sang de la mère. De même, l'esprit a une cause directe d'une nature similaire à la sienne. Pour trouver dans cette vie le commencement du continuum mental qui soit d'une nature similaire à celle de l'esprit actuel, il faut remonter à l'esprit au moment de son « rattachement » au centre où se mêlent la semence et le sang des parents. Mais cette entité mentale doit forcément avoir un continuum plus ancien, puisque les phénomènes extérieurs ne peuvent se transformer en esprit et que l'esprit ne peut se transformer en phénomènes extérieurs. Si donc il existe un continuum auquel remonte nécessairement cette entité mentale, il faut que ce soit un esprit avant son « rattachement » à la nouvelle vie. Cela suppose l'existence d'une vie antérieure.

C'est parce que cet esprit est un seul et même continuum que l'on observe, même de nos jours, des cas d'adultes et d'enfants qui se souviennent de vies antérieures lorsque sont réunies les conditions nécessaires à cette remémoration. Dans le passé aussi, on connaît par des biographies de nombreux exemples de personnes qui avaient conservé la mémoire de vies antérieures.

Même s'il existe une différence entre la cause et les faits, il doit y avoir entre eux un lien de similarité partielle. Un corps, par exemple, est tangible, il possède une forme et une couleur ; sa cause directe doit donc avoir aussi ces qualités. Comme l'esprit n'a ni forme, ni couleur, ni tangibilité, sa cause directe ne peut pas davantage posséder ces qualités. Pour prendre une analogie, les plantes qui portent des fruits au goût sucré produisent des graines qui donnent des plantes aux fruits sucrés. En conséquence, la semence et le sang des parents, qui sont des éléments physiques, ne peuvent être considérés comme la cause directe d'un esprit non physique. Cette raison et d'autres encore nous amènent à la conclusion certaine qu'il existe des vies antérieures et postérieures. Il est donc parfaitement clair que la pratique religieuse est le seul secours que l'on puisse trouver dans le continuum des vies. Telles sont les raisons pour lesquelles la religion est nécessaire.

Le bouddhisme et son fondateur

De même qu'il existe dans ce monde plusieurs remèdes pour une maladie particulière, il y a de nombreux systèmes religieux qui sont autant de méthodes dont le but est de permettre aux êtres sensibles, humains et autres, d'accéder au bonheur. Bien que tous ces systèmes aient des modes de pratique et des modes d'expression différents, je pense qu'ils se ressemblent tous en ce qu'ils rendent meilleurs le corps, la parole et l'esprit de ceux qui les pratiquent et que les buts qu'ils poursuivent sont bons. Tous enseignent qu'il faut se garder de commettre de mauvaises actions en paroles — comme le mensonge et la médisance — et en actes — comme le vol et le meurtre.

Hélas, l'histoire est jalonnée d'affrontements et de haines entre les adeptes des différentes religions. Il serait bon de pouvoir se dire que ces luttes appartiennent désormais au passé et qu'elles ne se reproduiront jamais. Les fidèles de toutes les religions devraient pouvoir s'entendre. D'une manière générale, il y a aujourd'hui deux factions : ceux qui sont engagés dans une voie religieuse et ceux qui ne le sont pas. C'est pourquoi il est important que les fidèles, quelle que soit leur croyance, s'unissent sans arrière-pensée, mais aussi sans haine pour ceux qui ne sont d'aucune religion. Non seulement cette union serait un soutien pour les adeptes, mais elle serait également d'un grand secours pour les non-croyants, car elle les mettrait sur la voie du bonheur suprême en contribuant à dissiper l'ignorance qui obscurcit le choix entre ce qui est souhaitable et ce qui devrait être évité. Je veux apporter mes espoirs et mes prières pour que toutes les religions s'unissent dans l'accomplissement de cet objectif.

Sans doute les ouvrages écrits et traduits par le passé ont-ils rendu de grands services au bouddhisme, mais certains d'entre eux, qui ne donnent qu'une ébauche grossière de la voie, sont incapables d'en restituer la signification profonde. C'est pour remédier à cette situation qu'a été créée la *Library of Tibetan Works and Archives*. Entre autres activités, cette institution culturelle a entrepris la traduction de plusieurs ouvrages en anglais à partir des sources tibétaines originales. Des équipes de traducteurs formées d'érudits tibétains et étrangers ont été expressément constituées pour cette tâche. Le présent volume s'inscrit dans ce projet : il est le premier d'une série de traductions qui respectent la tradition orale et le sens véritable de tous les termes techniques. Pour que les fidèles des différents systèmes religieux puissent se rassembler, il faut qu'ils soient en mesure de connaître et de comprendre les autres religions. C'est pourquoi je veux présenter ici une brève introduction au bouddhisme du Tibet.

Notre fondateur, Śākyamuni Bouddha, est l'un des mille Bouddhas de notre « éon ». Ces Bouddhas n'ont pas toujours été des Bouddhas depuis le début : ils furent jadis des êtres sensibles comme nous-mêmes. Voici comment ils sont devenus des Bouddhas. Du corps et de l'esprit, c'est l'esprit qui prédomine, car le corps et la parole sont sous l'influence de l'esprit. Les afflictions, comme le désir par exemple, ne corrompent pas la nature de l'esprit, car la nature de l'esprit est pure et n'est contaminée par aucune souillure. Les afflictions sont des facteurs périphériques et, par une transformation graduelle de tous les types de défauts, comme ces afflictions, il est possible d'éliminer entièrement les souillures adventices. Cet état de purification complète est la bouddhéité. C'est pourquoi les bouddhistes se gardent bien d'affirmer qu'il y ait eu un Bouddha illuminé depuis le commencement.

Les Bouddhas œuvrent toujours pour le bien des êtres qui migrent dans le cycle des existences. À chaque heure et à chaque minute, ils créent pour les êtres des formes de bien sans limites grâce aux milliards d'émanations de leur corps, de leur parole et de leur esprit. Par exemple, dans notre éon — un éon est une période d'un nombre d'années extrêmement grand —, ils apparaîtront comme des Bouddhas sous l'aspect de mille Corps d'émanation suprêmes (Nirmāṇakāya), et chacun d'eux apportera son propre enseignement.

L'enseignement de Śākyamuni Bouddha diffère de ceux des autres Bouddhas en ce qu'il unit des sūtras et des tantras, tandis que la plupart des autres ne comportent pas de tantras. En réalité, Śākyamuni Bouddha reçut l'illumination il y a de nombreux éons mais, selon les apparences ordinaires, sa vie fut jalonnée de douze événements principaux : sa descente de la Terre pure joyeuse (Tuṣita), sa conception, sa naissance, ses études et sa maîtrise des arts, ses divertissements avec sa suite d'épouses, la renonciation, l'ascétisme, la méditation sous l'arbre de l'illumination, la victoire sur les armées des démons, l'accession à la bouddhéité, la mise en mouvement de la roue de la Doctrine, et le nirvāṇa.

Bouddha est venu dans ce monde pour le salut des êtres qui migrent dans le cycle des existences. Comme parmi les trois types de manifestations miraculeuses (corps, parole et esprit) la principale est celle de la parole, il est venu pour faire tourner la roue de la Doctrine.

Le maître Śākyamuni est né dans une famille royale et, dans la première partie de sa vie, il accomplit ses devoirs princiers. Quand il s'aperçut que tous les prodiges du cycle des existences partagent la même nature, celle de la souffrance, il renonça à son royaume et pratiqua l'ascétisme. Finalement, à Bodh Gayā, il parvint à l'illumination totale. Ensuite, par étapes, il fit tourner les trois célèbres roues de la Doctrine.

Dans un premier temps, à Varaṇāsī, Bouddha fit tourner la roue de la Doctrine qui se fonde sur les Quatre Nobles Vérités ; il le fit principalement à l'intention de ceux que l'on a appelés les Auditeurs (Śrāvaka). Dans un deuxième temps, à Gṛdhrakūṭa, il mit en mouvement la deuxième roue de la Doctrine, qui se fonde sur le mode d'existence non inhérente de tous les phénomènes ; il le fit essentiellement à l'intention de disciples aux facultés élevées qui appartiennent au courant du Mahāyāna. Enfin, à Vaiśālī, il mit en mouvement la dernière roue, qui se fonde sur la distinction entre les phénomènes qui existent et ceux qui n'existent pas vraiment ; il le fit à l'intention de disciples du

Mahāyāna aux facultés moins aiguisées. Le maître Bouddha apparut aussi sous le corps de Vajradhara pour répandre les doctrines tantriques.

Les nombreux volumes de traduction en tibétain qui sont aujourd'hui largement connus sous le nom de Kangyur contiennent la parole de Bouddha. La part de l'enseignement du Bienheureux qui relève des sūtras est répartie en trois sections selon le sujet abordé : la « discipline » (vinaya) traite des questions d'éthique (śīla) ; la « classe des écritures » (sūtrānta) traite de la stabilisation par la méditation (samādhi) ; et la « connaissance » (abhidharma) traite de la sagesse (prajñā). Les doctrines tantriques sont réparties en quatre groupes de tantras, qui peuvent parfois être inclus dans la section appelée « classe des écritures » (sūtrānta).

La propagation du bouddhisme au Tibet

Bien avant l'introduction du bouddhisme, la religion qui prévalait au Tibet était le Bon, originaire du royaume de Shang-Shung, et, de nos jours encore, on enseigne et on pratique le système Bon. Il semble qu'à l'origine c'était une religion assez limitée dans ses conceptions. Par la suite, cependant, lorsque l'enseignement bouddhiste venu d'Inde s'est largement répandu au Tibet, les préceptes du système Bon en matière de méditation et de comportement ont gagné en profondeur et en largeur de vue.

Le bouddhisme a commencé à se propager au Tibet sous le règne du roi tibétain Hla-to-to-ri-nyen-tsen (Lha-tho-tho-ri-gnyan-bstan). Son importance s'est accrue graduellement et nombre de lettrés indiens célèbres, comme Śāntarakṣita et Kamalaśīla, ou encore des adeptes, comme Padmasaṃbhava, ont entrepris de traduire et de faire connaître les sūtras, tantras et leurs commentaires. Le règne de Lang-dar-ma (gLang-darma) interrompit pendant près d'une décennie les progrès de cet enseignement, mais il retrouva ensuite sa vigueur et recommença à se disséminer au départ des régions orientales et occidentales du Tibet. Ce fut le début d'une nouvelle phase de propagation du bouddhisme. Des lettrés tibétains, comme Rin-chen-sang-po (Rin-chen-bzang-po), rencontrèrent de célèbres savants et adeptes indiens et, à leur écoute mais aussi par la réflexion et la méditation, ils surent entretenir et développer l'enseignement bouddhique. Plusieurs lettrés indiens, comme Atīśa, vinrent également au Tibet où ils traduisirent et diffusèrent quantité d'autres sūtras et tantras avec leurs commentaires. Au sein même du peuple tibétain, il se trouvait alors des gens assez instruits dans la doctrine bouddhiste pour entreprendre de rédiger les premiers commentaires tibétains, et les lettrés venus d'Inde ou du Népal se firent dès lors plus rares.

Le bouddhisme qui s'est répandu au Tibet est donc l'enseignement indien dans toute sa pureté. Les lamas tibétains ne l'ont ni altéré ni mélangé avec une autre religion. Par exemple, dans les commentaires tibétains, l'exégèse la plus brève est toujours suivie de la mention d'une source, qu'il s'agisse de la parole du Bouddha lui-même ou de l'enseignement d'un autre maître indien, et c'est sur cette seule base que s'appuie l'argumentation. J'en ai eu la preuve incontestable au cours de discussions approfondies avec des spécialistes indiens, bouddhistes ou non, qui m'ont avoué que, même dans les cas où le sens de certains passages doctrinaux est difficile à comprendre, ils se trouvent tout entiers exprimés dans les traductions tibétaines effectuées plusieurs siècles auparavant. Des savants indiens vont même jusqu'à dire que l'on trouve en sanskrit des passages difficiles à interpréter que l'on comprend plus aisément en se penchant sur les traductions tibétaines. Tous ces éléments me donnent à penser que c'est une erreur de parler de « lamaïsme » au sujet du bouddhisme tibétain, en le présentant comme une altération du bouddhisme, sous prétexte que l'on observe de menues divergences avec le bouddhisme indien, différences qui s'expliquent par des conditions extérieures d'ordre géographique ou chronologique. Celui qui, aujourd'hui, souhaite connaître dans le détail les conceptions, les pratiques méditatives et religieuses du Hīnayāna et du Mahāyāna ne saurait, selon moi, y parvenir sans consacrer beaucoup de temps et de réflexion à l'étude des traités tibétains. Je puis cependant me tromper et j'espère ne vexer personne en affirmant ceci.

Il y avait autrefois, en Inde, de légères différences dans les méthodes d'enseignement des savants de Nālanda et de ceux de Vikramaśīla, et leurs systèmes d'explication portaient des noms distincts, bien qu'ils fussent, dans leur essence du moins, identiques. Au Tibet aussi, il existe plusieurs écoles qui portent des noms différents, selon les maîtres indiens et leurs disciples auxquels elles se rattachent, selon leur localisation et l'époque à laquelle elles furent créées, etc. Les plus célèbres sont celles de Nying-ma (rNying-ma), de Ka-gyü (bKa'-rgyud), de Sa-kya (Sa-skya) et de Geluk (dGe-lugs). Bien qu'elles soient fondamentalement les mêmes, elles se distinguent quelque peu par leurs méthodes. Toutes ces écoles ne dispensent cependant rien d'autre que l'enseignement du Bouddha dans l'union des sūtras et des tantras.

La signification du *dharma*

Le mot *dharma* signifie en sanskrit «ce qui tient». Tout ce qui existe, les choses et les êtres, sont des *dharmas*, des phénomènes, en ce sens qu'ils tiennent ou portent leur propre entité ou leur caractère. Une religion est aussi un *dharma*, au sens où elle retient les personnes ou les protège des désastres. Le terme *dharma* renvoie ici à une autre définition. D'une manière générale, toute action élevée du corps, de la parole ou de l'esprit est considérée comme un *dharma* parce qu'en accomplissant cette action on se protège ou on se tient à l'écart de toutes sortes de désastres. La pratique de ces actions est la pratique du *dharma*. Il n'y a pas lieu de s'étendre ici sur le thème du *dharma* et je me contente d'expliquer brièvement, en termes compréhensibles, ce que représente le *dharma* pour le bouddhiste.

Les Quatre Nobles Vérités

Le Bienheureux a dit: « Voici les véritables souffrances, voici les véritables sources, voici les véritables cessations, voici les véritables voies. Les souffrances doivent être connues, leurs sources doivent être abandonnées, leurs cessations doivent être réalisées, les voies doivent être suivies. Les souffrances doivent être connues; alors il n'y aura pas de souffrances à connaître. Les sources des souffrances doivent être abandonnées; alors il n'y aura plus de sources à abandonner. Les cessations de la souffrance doivent être réalisées; alors il n'y aura plus de cessations à réaliser. Les voies doivent être suivies; alors il n'y aura plus de voies à suivre. » Telles sont les Quatre Vérités dans leur identité, dans les actions qu'elles exigent et dans les actions considérées avec leurs effets. Pour les expliquer, je suivrai principalement l'interprétation du système Prāsaṅgika-Mādhyamika, la plus grande de toutes les écoles bouddhistes.

Les véritables souffrances sont les phénomènes suscités par les actions impures et les afflictions, et inclus dans l'expression « cycle des existences ». Les véritables sources sont celles qui produisent les véritables souffrances. Les véritables cessations sont les états d'extinction et de disparition des véritables souffrances et des véritables sources. Les véritables voies sont les méthodes particulières qui permettent de parvenir aux véritables cessations.

Puisque les véritables souffrances dérivent des véritables sources, les véritables sources précèdent en fait les véritables souffrances. De même, en suivant les véritables voies, on réalise les véritables cessations ; et donc les véritables voies précèdent en fait les véritables cessations. Toutefois, en enseignant les Quatre Nobles Vérités, le Bienheureux a inversé cet ordre. C'est extrêmement important car, si l'on reconnaît d'abord les souffrances, on cherchera ensuite leurs causes. C'est pourquoi Bouddha a placé les sources de la souffrance après l'identification des souffrances elles-mêmes. Quand on croit à la possibilité d'éliminer ces sources, alors naît le désir de réaliser leur cessation. C'est pour y parvenir que l'on souhaite suivre les voies et c'est pourquoi Bouddha a placé les véritables voies après l'identification des véritables cessations.

Le cycle des existences et les êtres sensibles

On demandera peut-être : « Puisque le cycle des existences et ses misères sont les véritables souffrances, qu'est-ce que le cycle des existences ? »

Le cycle des existences se divise en trois mondes selon le type de séjour : il y a le monde du désir, le monde formel et le monde informel. Dans le monde du désir, les êtres jouissent des plaisirs des « cinq attributs du désir » : les formes, les sons, les odeurs, les goûts et les objets tangibles. Le monde formel comprend deux parties : dans la partie inférieure, les êtres ne sont plus attirés par les plaisirs extérieurs, mais ils jouissent des plaisirs de la contemplation intérieure ; dans la partie supérieure, les êtres se sont entièrement détournés des sensations de plaisir et connaissent la sérénité. Dans le monde informel, toutes les formes, les sons, les odeurs, les goûts, les objets tangibles, ainsi que les cinq sens qui permettent d'en jouir, sont absents ; il ne reste que l'esprit et les êtres demeurent dans la sérénité et l'unité, en l'absence de toute distraction.

Il existe six catégories d'êtres sensibles différents qui migrent dans le cycle des existences : les dieux, les demi-dieux, les humains, les esprits affamés, les animaux et les habitants des enfers. Les dieux comprennent les êtres du monde formel et du monde informel, ainsi que les six classes de dieux du monde du désir. Les demi-dieux sont semblables aux dieux, mais ils sont rudes et malveillants. Les humains sont ceux des quatre « continents ». Les esprits affamés comprennent plusieurs sortes d'êtres tourmentés par la faim et la soif. Les animaux sont ceux qui se trouvent dans l'océan et ceux qui sont disséminés à la surface de la terre. Les habitants des enfers sont des personnes dont la couleur et la forme varient selon leurs actions passées.

La signification essentielle du « cycle des existences » est celle d'un processus qui échappe à notre contrôle et qui se rattache aux actions impures et aux afflictions. Sa nature fondamentale est la douleur ; sa fonction est d'offrir un support à la souffrance et d'entraîner de nouvelles souffrances dans l'avenir. D'un point de vue théorique, l'existence cyclique d'un être est formée des agrégats mentaux et physiques impurs qui se sont constitués par les actions et les afflictions impures. Comme rien dans les trois mondes n'y échappe, les agrégats mentaux et physiques de tous les êtres constituent le cycle des existences.

Les causes du cycle des existences

Quelles sont les racines du cycle des existences ? Il y a deux sources à la souffrance : les actions impures et les afflictions. Les afflictions sont des facteurs mentaux périphériques qui ne se rangent pas parmi les six esprits principaux (conscience de l'œil, conscience de l'oreille, conscience du nez, conscience de la langue, conscience du corps et conscience mentale). Cependant, quand l'un de ces facteurs mentaux se manifeste, un esprit principal (une conscience mentale) tombe sous son influence au point de se laisser guider par l'affliction et d'« accumuler » une mauvaise action.

Il existe quantité d'afflictions différentes, mais les principales sont le désir, la haine, l'orgueil, l'erreur et ainsi de suite. Au premier rang se trouvent le désir et la haine. L'attachement à soi-même engendre la haine lorsque quelque chose d'indésirable se produit. Et puis, quand on s'attache à soi, naît l'orgueil de se sentir supérieur. De même, pour celui qui n'a aucune connaissance de quelque chose, vient l'erreur de considérer que l'objet de cette connaissance n'existe pas.

Comment l'attachement à soi, avec tout ce qui s'ensuit, peut-il déployer autant de force ? Depuis toujours, l'esprit est conditionné à s'accrocher au « Moi, je », jusque dans ses rêves, et c'est la puissance de cette notion qui suscite l'attachement à soi et tout ce qui l'accompagne. Cette fausse conception du « Moi » provient de notre ignorance du mode d'existence des choses. Faute de comprendre que les objets sont vides de toute existence inhérente, on en arrive à croire qu'ils existent par eux-mêmes, et c'est de là que vient la puissante notion du « Moi ». Ainsi, la conception d'une existence inhérente au phénomène est l'ignorance suprême, la racine de toutes les afflictions.

Les actions

Au regard de leur nature, les actions sont de deux types : intentionnel et opérationnel. Une action intentionnelle préexiste à l'acte physique ou verbal; elle est un facteur mental qui donne l'impulsion d'agir. Une action opérationnelle est un acte physique ou verbal qui se produit à l'instant précis où il intervient. Au regard des effets qu'elles entraînent, les actions sont de trois types: méritoire, non méritoire et invariable. Les actions méritoires nous conduisent à des migrations heureuses vers des vies d'êtres humains, de demi-dieux et de dieux. Les actions non méritoires nous conduisent à de mauvaises migrations vers des vies d'animaux, d'esprits affamés et d'habitants des enfers. Les actions invariables nous conduisent vers les sphères supérieures, à savoir le monde formel et le monde informel.

Toutes ces actions peuvent encore être réparties en actions physiques, verbales et mentales. En outre, au regard de la manière dont les effets se manifestent, les actions peuvent être divisées en trois types selon que leurs effets «accumulés» dans cette vie sont ressentis dans cette vie même, dans la prochaine vie ou dans quelque autre vie après la suivante.

La libération

Le cycle des existences suppose un lien, et la libération suppose l'affranchissement de ce lien. Comme je l'ai expliqué, les causes du cycle des existences sont les actions impures et les afflictions. Si les racines des afflictions sont éliminées et si de nouvelles actions impures ne sont plus dès lors «accumulées» puisqu'il n'y a plus d'afflictions pour en activer les prédispositions qui persistent des actions passées, les causes du cycle des existences sont éliminées et c'est la libération du lien. Certains disent qu'aussi longtemps que l'on conserve les agrégats mentaux et physiques forgés par les anciennes afflictions et actions impures on n'accède qu'à un nirvāṇa avec un résidu. Quand il n'en reste plus rien, c'est le nirvāṇa sans résidu. « Sans résidu » signifie qu'il ne reste plus rien de ces agrégats mentaux et physiques forgés par les afflictions et par les actions impures, mais le continuum de la conscience et le continuum des agrégats mentaux et physiques purs existent toujours.

Par la suppression de la cause, on met un terme aux agrégats mentaux et physiques, et en s'en libérant, on fait cesser la souffrance qui en dépend. Telle est la libération, dont il existe deux sortes : une libération qui est la simple extinction des souffrances et de leurs sources, et la libération suprême qui n'est autre que la bouddhéité. La première est une extinction de tous les obstacles qui sont sources d'afflictions (qui empêchent la libération du cycle des existences), mais non des obstacles à la cognition directe de tous les objets de connaissance. La dernière libération est le stade suprême, l'extinction absolue à la fois des afflictions et des obstacles à la connaissance universelle.

Le Hīnayāna

Pour atteindre l'une ou l'autre de ces libérations, il convient de suivre une voie. Il y a les voies des êtres ordinaires et les voies des maîtres. Ces dernières sont les véritables voies. Il existe deux catégories de hīnayānistes : les Auditeurs (Śrāvaka) et les Illuminés solitaires (Pratyekabuddha). Les uns comme les autres ont cinq voies à suivre, de sorte qu'il y a dix voies du Hīnayāna.

Si les Auditeurs ont un statut moins élevé que les Illuminés solitaires, ils suivent cependant le même principe. Ils pratiquent les uns comme les autres la doctrine hīnayāniste comme moyen d'atteindre la simple libération du cycle des existences pour leur salut personnel. Autrement dit, ils s'appuient sur un fondement éthique associé à un travail de la pensée pour sortir du cycle des existences. Sur cette base, ils cultivent tout à la fois une quiétude durable de l'esprit (śamatha) et une compréhension spéciale (vipaśyanā), qui est dirigée vers la vacuité. C'est ainsi qu'ils parviennent à extirper les afflictions avec leurs racines pour qu'il leur devienne impossible de pousser à nouveau. Ce faisant, ils atteignent la libération.

Tant les Auditeurs que les Illuminés solitaires doivent emprunter cinq voies : la voie de l'accumulation des mérites, de la préparation, de la vision, de la méditation et l'accomplissement du savoir. Celui qui suit ces voies est appelé un hīnayāniste.

Le Mahāyāna

Les mahāyānistes cherchent avant tout à atteindre le stade de la bouddhéité, le nirvāṇa non fixé, la libération suprême, pour le salut des autres. En conjonction avec cette aspiration à l'illumination la plus élevée pour le profit de tous les êtres sensibles, ils pratiquent les voies qui viennent d'être décrites pour le Hīnayāna. Mais en raison de la différence de motivation, ces voies sont supérieures et plus puissantes. Il s'y ajoute aussi d'autres disciplines particulières dont les principales sont les six perfections et les quatre manières de réunir des disciples. Ainsi, les mahāyānistes éliminent entièrement et à jamais non seulement les obstacles sources d'afflictions, mais aussi les obstacles à la connaissance universelle. Quand ces deux types d'obstacles sont surmontés, ils accèdent à la bouddhéité.

Les voies du Mahāyāna sont au nombre de cinq également : les voies de l'accumulation des mérites, de la préparation, de la vision, de la méditation et de l'accomplissement du savoir. Bien qu'elles portent les mêmes noms que les voies du Hīnayāna, elles présentent en fait une grande différence. Cette différence, qui distingue en somme le véhicule du Hīnayāna et celui du Mahāyāna, réside dans leur motivation initiale, de sorte que les voies suivies en général et en particulier les méthodes et les actes qu'elles supposent ne sont pas les mêmes. C'est aussi ce qui fait qu'elles présentent une grande différence qualitative dans leurs effets.

Qu'advient-il des hīnayānistes dès lors qu'ils ont atteint leur objectif ? Vont-ils en rester là ou vont-ils s'engager sur les voies du Mahāyāna ?

Ils finissent certainement par suivre le Mahāyāna. Le type de libération auquel ils accèdent n'est pas la réalisation ultime, et ils ne peuvent s'en satisfaire. Ils vont donc se mettre en quête de l'accomplissement suprême, suivre ses voies et devenir des Bouddhas.

Le Tantrayāna

Le véhicule des Mantras comporte quatre catégories de tantras : les tantras de l'Action (Kriyā), les tantras de la Pratique (Caryā), le Yoga et le Yoga suprême (Anuttara-yoga). L'ensemble des tantras du Yoga suprême est supérieur aux autres. On dénombre plusieurs dizaines de millions de tantras du Yoga suprême, mais je me contenterai ici d'évoquer brièvement ce sujet.

Nous avons vu précédemment que les diverses souffrances que nous endurons sont dues aux actions impures et aux afflictions ; au fond, les souffrances proviennent essentiellement d'un esprit indiscipliné. Dans le Yoga suprême, les méthodes employées pour discipliner l'esprit consistent à méditer sur un objet salutaire en se concentrant sur des endroits importants du corps sans permettre aux mauvaises pensées de se manifester. Grâce à cette discipline, la voie du Yoga suprême est plus rapide que les autres, car l'esprit dépend du corps. On se concentre sur les divers canaux où circulent principalement le sang, la semence ou simplement des courants d'énergie (les vents). Alors, puisque ce sont ces courants d'énergie qui entraînent l'esprit vers les objets, le yogi fait en sorte d'inverser ces courants pour que l'esprit cesse d'être agité et d'errer d'un objet à l'autre. Telles sont les méthodes employées dans le Yoga suprême.

Cette faculté s'opère uniquement par une pratique intérieure qui fait intervenir les canaux et les courants d'énergie et non par des facteurs extérieurs ; l'esprit doit donc avoir une puissante capacité de concentration. Pour la développer, et aussi pour d'autres raisons, les textes enseignent notamment la méditation sur le corps d'une divinité. Les nombreuses images de divinités dans les tantras ne sont pas des créations arbitraires ; elles visent à purifier nos agrégats mentaux et physiques impurs (skandha), les types d'éléments des processus psychiques (dhātu) et leurs sources (āyatana). L'allure paisible ou furieuse de ces images, le nombre de têtes et de bras, le nombre d'éléments centraux et environnants qui composent les groupes s'expliquent ainsi par les différences dans les dispositions, les pensées et les facultés des disciples.

Pour progresser dans ces voies, on se fonde principalement sur le pouvoir de la raison, même s'il y a sans doute des cas où la puissance de la foi permet certains accomplissements. Si l'on se forme correctement et progressivement à ces voies, on peut y trouver nombre de raisons pour étayer une conviction et une foi bien fondées.

Les deux vérités

Parmi les voies qui ont été évoquées, les voies des maîtres sont les véritables voies ; les autres les précèdent en quelque sorte. Toutes les voies s'inscrivent dans une méthode et une sagesse. La méthode et la sagesse dépendent quant à elles des deux vérités. Dans son *Texte fondamental appelé « Sagesse » (Prajñā-nāma-mūla-madhyamakakārikā,* XXIV, 8), Nāgārjuna dit :

> Les doctrines enseignées par les Bouddhas
> Reposent entièrement sur les deux vérités,
> Les vérités conventionnelles de ce monde
> Et les vérités ultimes.

Aussi, pour parvenir à la réalisation d'un Corps de vérité (Dharmakāya) et d'un Corps formel (Rūpakāya), au stade suprême de la bouddhéité, il faut suivre la voie en pratiquant la méthode et la sagesse. Pour leur part, la méthode et la sagesse dépendent des deux vérités qui représentent le mode d'existence sur la terre ou encore le fondement de la pratique. Il est donc essentiel de bien comprendre les deux vérités. C'est une question très difficile. Les nombreuses divergences entre les écoles de pensée bouddhistes sont dues à leurs conceptions différentes des deux vérités.

Nous aborderons ici brièvement les deux vérités telles qu'elles sont envisagées dans le système Prāsaṅgika-Mādhyamika. Tous les phénomènes que nos sens perçoivent possèdent deux natures. L'une est l'entité nominale ou conventionnelle du phénomène ; l'autre est sa nature ultime qui est vide de toute existence en soi. Pour prendre une comparaison dans une autre sphère de connaissance, un crayon, par exemple, possède un mode d'existence rudimentaire qui peut être vu par l'œil ordinaire et il a aussi un autre mode d'existence qui n'est pas perceptible par l'œil ordinaire et qui est le fait d'être constitué d'une multitude d'atomes.

Quelles sont maintenant les significations individuelles de « vérité ultime » et « vérité conventionnelle » ?

On peut dire, pour répondre sommairement, qu'un objet reconnu par un critère de connaissance juste permettant de distinguer une nature ultime est une vérité ultime, tandis qu'une vérité conventionnelle est un objet révélé par un critère permettant de distinguer une convention. Ainsi, la vacuité et la véritable cessation de la souffrance sont des vérités ultimes, et tout le reste est conventionnel.

Tous ces phénomènes sont soumis à un mode de dépendance quelconque ; ils surviennent, se modifient et cessent en fonction de certaines causes, ou bien ils dépendent d'un continuum, ou encore de leurs éléments constitutifs, etc. Peu importe le type de dépendance auquel ressortissent les phénomènes, ils n'existent qu'en fonction d'autre chose. Aucun d'eux n'a de réalité en soi. Ils sont donc vides de toute existence propre. Néanmoins, les agents, les actions et les objets ont une réalité conventionnelle qu'on ne peut leur dénier. En résumé, comme les phénomènes sont vides d'existence inhérente, ils ne sont pas immuables, ils se transforment et, comme ils existent sur un mode conventionnel, il y a ce qui est bon et ce qui est mauvais, ce qui est secourable et ce qui est dangereux.

Une esquisse générale de la pratique du bouddhisme

Pour pratiquer une religion, il ne suffit pas de changements superficiels, comme d'entrer dans un monastère ou de se mettre à réciter des textes sacrés, mais cela ne veut pas dire pour autant que ce genre d'existence ne peut pas devenir une pratique religieuse. En fait, c'est d'abord en esprit que la pratique religieuse doit s'installer. Si l'on sait comment introduire les enseignements dans ses pensées, toutes les actions physiques ou verbales que l'on fait peuvent être en accord avec la pratique. Si l'on ne sait pas quelle attitude mentale adopter, on aura beau méditer, réciter les écritures ou passer toute sa vie dans un temple, cela ne sera d'aucun secours. La pensée est donc essentielle pour la pratique. Le plus important est de trouver refuge dans les Trois Joyaux (Bouddha, sa Doctrine et la Communauté spirituelle), d'être conscient de la relation entre les actions et leurs effets et de cultiver envers les autres une attitude compatissante et secourable.

Il y avait jadis au Tibet un célèbre lama appelé Drom. Un jour, rencontrant un homme qui accomplissait une circumambulation autour d'un reliquaire, Drom déclara : « C'est bien de tourner autour d'un reliquaire, mais c'est encore mieux de pratiquer. »

L'homme réfléchit et se dit : « Alors il serait bon que je lise un livre saint. » C'est ce qu'il fit et, un jour, alors qu'il lisait, Drom arriva et dit : « C'est bien de lire un livre saint, mais c'est encore mieux de pratiquer. »

L'homme pensa : « Il semble que ce n'est pas encore suffisant. Sans doute faut-il aussi que je m'adonne à la méditation pour pratiquer. » Quand Drom le trouva en méditation, il déclara : « C'est bien de méditer, mais c'est encore mieux de pratiquer. » Étonné, l'homme demanda : « Comment pratique-t-on ? » Drom répondit : « Ne reste pas attaché à cette vie et fais en sorte que ton esprit et la pratique ne soient qu'une seule et même chose. » En disant cela, Drom voulait lui faire comprendre que la pratique dépend avant tout de la pensée.

Une esquisse spécifique de la pratique du bouddhisme

Celui qui renonce à cette vie pour s'adonner à la religion en retire de grands bienfaits. Au Tibet, nombreux sont ceux qui ont renoncé au monde et qui sont parvenus à un bonheur mental et physique indescriptible. Tous les plaisirs que l'on obtient en s'attachant à cette vie au prix de toutes sortes d'efforts constants ne peuvent égaler même une fraction de ce bonheur. Mais un tel renoncement est difficile et ce genre de pratique n'est pas donné à tout le monde.

En quoi consiste alors la pratique pour la majorité des gens ? D'une manière générale, les activités immorales qui se fondent sur la tromperie, le mensonge, etc. sont contraires à la pratique religieuse et ne sont donc pas compatibles avec elle. Mais si l'on agit en harmonie avec la religion, il est possible de mener une vie respectable dans ce monde, en administrant par exemple un gouvernement, en prenant des mesures économiques ou en s'efforçant de quelque manière que ce soit à assurer le bonheur et le bien-être des autres. Ces activités devraient toujours être menées dans l'esprit des principes religieux. Un proverbe dit :

> Pour celui qui pratique, la libération est présente même s'il vit dans le monde
> Comme les rois et les ministres d'Inde et du Tibet, et d'autres comme Marpa.
> Pour celui qui ne pratique pas, les causes d'une mauvaise migration sont présentes même s'il vit dans une retraite de montagne
> Comme la marmotte qui hiberne au fond d'un terrier.

Les Trois Joyaux

Par quelle méthode peut-on parvenir à ce que l'esprit et la pratique ne soient qu'une seule et même chose ?

Il faut d'abord trouver un refuge pour que l'on puisse prendre conscience des actes et de leurs effets. Ce refuge, ce sont les Trois Joyaux : Bouddha, sa Doctrine et la Communauté spirituelle.

Quand un être sensible parvient à purifier son esprit de ses souillures et des prédispositions qui en sont la source, il se libère de toutes les impuretés qui agissent comme autant d'obstacles. Il accède ainsi à la connaissance directe et simultanée de tous les phénomènes. Cet être est celui qu'on appelle un Bouddha, c'est un maître qui nous guide vers le refuge, un peu comme un médecin.

Le joyau de la Doctrine est celui des sentiers suprêmes (ārya) — les justes voies qui purifient l'homme de ses souillures et des prédispositions qui en sont les sources — et des absences, qui sont les états dépouillés de ce qui devait être enlevé. La Doctrine est le vrai refuge, un peu comme la médecine.

Le joyau de la Communauté est celui de tous les êtres, laïcs ou religieux, qui sont engagés sur une voie suprême. Ce sont des amis qui nous aident à parvenir au refuge, un peu comme les infirmières et infirmiers.

Les trois refuges, tels qu'ils existent déjà en ce sens que d'autres êtres y sont parvenus, sont notre refuge causal : un protecteur sur lequel on s'appuie, tout comme une personne faible cherche refuge auprès d'une personne plus forte. Les trois refuges auxquels nous parviendrons dans le futur sont notre refuge effectif. Celui qui s'appuie sur les Trois Joyaux à travers la conscience qu'il a de devoir les atteindre parvient ainsi à les faire exister dans son propre continuum.

Un effet quel qu'il soit, bon ou mauvais, a besoin de certaines causes et conditions pour se manifester. Aussi devons-nous, dans le présent, dans notre propre continuum, développer des causes de même nature que le joyau de la Doctrine, le vrai refuge. Pour cela, il nous faut pratiquer les voies de la triple formation (triśikṣā) : la formation à la morale suprême (adhiśīla), la formation à la méditation suprême (adhisamādhi) et la formation à la sagesse suprême (adhiprajñā).

La formation à la morale suprême

Même si la formation éthique peut prendre diverses formes, on retrouve toujours à la base l'abandon des dix non-vertus. Sur ces dix non-vertus, trois concernent les actions du corps, quatre se rapportent aux actions verbales et trois aux actions mentales. Les trois non-vertus physiques sont :

1. Ôter la vie à un être vivant : tuer un homme ou même un insecte.
2. Le vol : prendre la propriété d'un autre sans son consentement, quelle qu'en soit la valeur, directement ou indirectement.
3. L'inconduite sexuelle : commettre l'adultère.

Les quatre non-vertus verbales sont :

4. Le mensonge : tromper les autres par la parole ou par le geste.
5. Créer la discorde : semer la dissension parmi ceux qui s'entendent ou l'entretenir parmi ceux qui ne s'entendent pas.
6. L'agressivité : injurier ou maltraiter les autres.
7. L'insanité : tenir des propos insensés sous l'empire de la convoitise, etc.

Les trois non-vertus mentales sont :

8. La convoitise : désirer le bien d'autrui.
9. La malveillance : avoir envie de nuire aux autres, leur souhaiter ne serait-ce qu'un peu de mal.
10. L'erreur : nier l'existence de ce qui existe, comme la réincarnation, le lien entre la cause et l'effet ou les Trois Joyaux.

À l'opposé de ces dix non-vertus, il y a les dix vertus. C'est en les cultivant que l'on pratique la morale.

La formation à la méditation suprême

Maintenant, comment progresser dans l'exercice de la méditation, qui est la concentration constante de l'esprit sur l'objet qu'il s'est fixé ?

Il y a plusieurs formes de méditation. Celle que nous évoquerons ici est la quiétude durable de l'esprit (śamatha). La nature de cette quiétude mentale est la concentration de l'esprit sur un objet dont il ne se laisse pas distraire, associée à la félicité d'une souplesse physique et mentale. Si l'exercice est complété par la recherche du refuge, c'est une pratique bouddhique ; s'il est complété par une aspiration à l'illumination suprême pour le salut de tous les êtres sensibles, c'est une pratique qui ressortit au Mahāyāna. Ses mérites sont que, si l'on parvient à la quiétude durable de l'esprit, le corps et l'esprit sont inondés de joie et de béatitude ; on peut alors — grâce à la souplesse mentale et physique à laquelle on accède — orienter son esprit sur n'importe quel objet de vertu que l'on choisit ; et l'on acquiert de nombreuses facultés particulières comme la clairvoyance et les émanations[1].

Le principal objectif et le plus grand bienfait de la quiétude mentale est qu'elle permet d'accéder à une compréhension spéciale (vipaśyanā), qui ouvre l'esprit à la conscience de la vacuité et peut ainsi le libérer du cycle des existences. La plupart des attributs bénéfiques secondaires que l'on retire des trois véhicules (Hīnayāna, Mahāyāna et Tantrayāna) passent également par la quiétude durable de l'esprit. Les bienfaits de cette pratique sont très nombreux.

Pour parvenir à la quiétude mentale, il convient de réunir un certain nombre de conditions causales. L'endroit où l'on pratique doit être silencieux, car le bruit nuit à la concentration ; le cadre et le temps doivent être propices. Le méditant lui-même ne doit éprouver que peu de besoins et être satisfait, libéré de l'agitation du monde. Il faut aussi qu'il évite toute action physique ou verbale non vertueuse. En écoutant ses maîtres et

1. Pouvoirs surnaturels de se transformer, de se multiplier, de se changer en d'autres personnes, etc., qui se manifestent en marge des exercices de méditation et de concentration. *(N.d.T.)*

en réfléchissant, il doit avoir éliminé toute fausse idée sur les sujets de la méditation. Il doit connaître les leurres du désir, la signification de l'impermanence et tout ce qui s'ensuit.

Dans sa *Discrimination entre la Voie du Milieu et les Extrêmes (Madhyāntavibhaṅga)*, Maitreya dit à propos de la pratique de la quiétude mentale :

> Les causes de son accomplissement sont le renoncement
> Aux cinq fautes et l'application des huit remèdes.

Les cinq fautes auxquelles il faut renoncer sont :

1. La paresse : ne pas avoir envie de cultiver la méditation.
2. L'oubli : ne pas se rappeler l'objet de la méditation.
3. La léthargie et l'excitation : des interruptions de la méditation.
4. La non-application des remèdes : lorsque la léthargie et l'excitation surviennent.
5. La surapplication : continuer à appliquer les remèdes alors même que la léthargie et l'excitation ont cessé.

Les huit remèdes sont les moyens de renoncer à ses fautes. Les remèdes à la paresse sont :

1. La foi : percevoir les bienfaits de la méditation.
2. L'aspiration : chercher à accéder à ces bienfaits.
3. L'effort : se réjouir de pratiquer la méditation.
4. La souplesse physique et mentale : un effet de l'effort.

Le remède à l'oubli est :

5. L'attention : maintenir constamment la concentration sur un objet.

Le remède à la léthargie et à l'excitation est :

6. La conscience : sentir venir la léthargie ou l'excitation.

Le remède à la non-application est :

7. L'application : lutter contre la léthargie et l'excitation.

Le remède à la surapplication est :

8. L'arrêt de l'application : relâcher son effort.

Grâce à ces huit remèdes, on parvient à éliminer progressivement les cinq fautes et l'on passe alors par les neuf stades de concentration.

1. L'orientation de l'esprit : rassembler l'esprit et le diriger vers un objet intérieur (comme la forme visualisée de Bouddha).
2. L'orientation poursuivie : pousser la concentration sur l'objet plus loin qu'au stade précédent.
3. La réorientation : percevoir immédiatement toute distraction et ramener l'esprit sur l'objet.
4. L'orientation accrue : rassembler l'esprit pour affiner la concentration brute (l'aspect de l'objet de méditation visualisé) et la stabiliser sur les éléments subtils (les détails de l'objet).
5. La soumission de l'esprit à la discipline : comprendre les bienfaits de la méditation et s'en réjouir.
6. L'apaisement : quitter toute aversion pour la méditation.
7. L'apaisement approfondi : chasser, grâce à l'effort, la moindre léthargie, la moindre excitation, sitôt qu'elle se manifeste.
8. La concentration sur un point : générer un flux continu de méditation dans lequel aucune interruption par un élément extérieur n'est possible.

9. L'équilibre parfait : se focaliser spontanément sur l'objet de méditation sans avoir à faire l'effort de mobiliser l'attention et la conscience.

On accède aux neuf stades de concentration mentionnés ci-dessus en recourant aux six puissances. Le premier stade est atteint grâce à la puissance de l'audition, le deuxième grâce à la puissance de la réflexion, le troisième et le quatrième grâce à la puissance de l'attention. Le cinquième et le sixième stades sont atteints grâce à la puissance de la conscience, le septième et le huitième grâce à la puissance de l'effort et le neuvième grâce à la puissance de la familiarité.

Au cours des neuf stades de concentration, l'esprit passe par quatre phases d'activité psychique qui déterminent sa relation avec l'objet de sa méditation :

1. La concentration contrainte : au premier et au deuxième stade, l'esprit se fixe péniblement sur l'objet de sa méditation.
2. La concentration interrompue : du troisième au septième stade, la concentration ne s'effectue que par intermittence.
3. La concentration ininterrompue : au huitième stade, l'esprit est capable de demeurer fixé sur l'objet de sa méditation sans interruption.
4. La concentration sans effort : au neuvième stade, l'esprit demeure spontanément fixé sur l'objet.

Si l'on conçoit sans erreur la nature, l'ordre et les distinctions des différents niveaux décrits ici et si l'on cultive la quiétude durable de l'esprit, on peut facilement parvenir à la méditation parfaite en l'espace d'une année environ.

La pratique que nous avons évoquée s'applique aux objets de méditation d'une manière générale. Si l'on cultive la quiétude mentale en choisissant plus particulièrement l'esprit lui-même comme objet, on peut en retirer d'autres bénéfices. On s'identifie alors à son propre esprit. À l'image de l'espace, l'esprit est vide, dépourvu de qualités physiques comme une forme ou un contour. Il perçoit simplement les aspects d'un objet qui lui apparaissent très clairement. Dès lors que l'on reconnaît ainsi la nature de l'esprit, on peut progresser dans les neuf stades, en évitant les cinq fautes grâce à l'application des huit remèdes et ainsi de suite, comme on l'a vu pour les objets de méditation en général. De cette manière on cultive la quiétude durable de l'esprit.

Je me suis borné ici à résumer à l'extrême les instructions de Maitreya et Asaṅga pour présenter une simple énumération des éléments qui constituent la quiétude mentale. On y parvient en fait lorsque l'on acquiert une souplesse physique et mentale qui donne accès à la maîtrise de l'immuabilité, c'est-à-dire à la focalisation de l'esprit sur l'objet de sa méditation. C'est alors que l'on atteint la vraie quiétude durable de l'esprit, qui participe du stade préparatoire à la première concentration. Au regard des trois mondes, cet exercice de concentration ressortit au monde formel. Lorsqu'il accède à la quiétude, l'esprit devient docile et, quel que soit l'objet vertueux ou le sens vers lequel on l'oriente, il y demeure parfaitement concentré. La force de cette discipline mentale procure à l'esprit une très grande faculté de compréhension.

La formation à la sagesse suprême

Comment maintenant progresser sur la voie de la sagesse ?

Il y a, d'une manière générale, cinq sortes de sagesse, mais les principales sont la sagesse des vérités conventionnelles, autrement dit la connaissance nominale, et la sagesse de la vérité ultime, soit la connaissance du mode d'existence. Ces deux formes de sagesse ont de nombreux aspects, mais nous parlerons ici de celle dont la réalisation dans le continuum mental permet de surmonter entièrement les obstacles sources d'affliction et les obstacles à la connaissance universelle.

Qu'est-ce que la vacuité, qui est l'objet de cette sagesse ?

La vacuité est le véritable mode d'existence de tous les phénomènes. Elle ne dérive pas, par exemple, des actes compatissants des Bouddhas ou des actions des êtres sensibles. Chaque phénomène, depuis l'instant de son entrée dans l'existence, est de la nature du vide. Il est dit dans un sūtra : « Que les Tathāgatas[1] apparaissent ou non, la nature et la réalité des phénomènes demeurent. »

Quel est le mode d'existence des phénomènes ?

Dans son commentaire sur les *Quatre Cents* d'Āryadeva, Candrakīrti dit : « Ici, le "Soi" est une existence inhérente (svabhāva) aux phénomènes, c'est-à-dire une non-dépendance vis-à-vis d'autre chose. La non-existence de ce type de Soi est le non-Soi. » Ce qui est nié, ici, c'est donc une existence inhérente, et la simple négation d'une existence inhérente est ce qu'on appelle une vacuité.

Comment être certain de cette vacuité ?

La vraie nature des phénomènes a toujours été le vide, mais nous ne nous en rendons pas compte. Pour comprendre et se convaincre de la signification de la vacuité, il faut s'appuyer sur la méthode de raisonnement du Mādhyamika. D'une manière générale, la nature, ou le mode d'existence des phénomènes, et la manière dont ils se présentent à notre esprit sont contradictoires. Le vrai mode d'existence des phénomènes est qu'ils n'existent pas en eux-mêmes mais, comme nous sommes depuis toujours conditionnés par la notion d'une existence inhérente, chaque phénomène qui se présente à notre esprit nous paraît exister en soi et c'est ainsi que nous le concevons. Puisque la

1. Un des titres des Bouddhas. (*N.d.T.*)

manière dont les phénomènes nous apparaissent et leur vraie nature sont opposées, leur mode de manifestation dans notre esprit et notre façon d'y adhérer sont totalement fallacieux. Une conscience qui considère l'existence comme inhérente est une conscience abusée qui se méprend sur son objet de référence. Il faut donc parvenir à se convaincre que l'objet de référence de l'esprit — un esprit qui jusque-là a cru fermement à cette fausse apparence d'existence inhérente — est dépourvu de véritable existence. Dès lors que l'on comprend que cette conception d'une existence inhérente se rapporte à un objet qui n'a pas d'existence en soi, on peut facilement être certain de la vacuité, qui est la vraie nature de tous les phénomènes, c'est-à-dire, en fait, leur existence non inhérente.

Ceci étant posé, il est important de commencer par comprendre comment notre esprit se méprend sur la nature des choses. Pour le novice, chaque phénomène semble exister en soi. Par exemple, lorsque l'on se dit : « Moi, je », on fait apparaître un « Moi » qui semble entièrement différent ou indépendant de son propre corps, de son esprit, de l'ensemble de ses agrégats mentaux et physiques et de son continuum. Si l'on conçoit clairement ce mode de manifestation et la manière dont on y adhère, il convient de l'analyser de la manière suivante. Si ce « Moi » existait bel et bien tel qu'il apparaît, c'est-à-dire entièrement indépendant de nos agrégats mentaux et physiques, des éléments du processus psychique et des sources de la perception, ne formerait-il qu'un avec les agrégats ou en serait-il différent ?

Si le « Moi » et les agrégats mentaux et physiques étaient identiques, on ne devrait pas pouvoir séparer les nombreuses catégories que l'on distingue parmi les agrégats, les éléments du processus psychique, les sources de perception sensorielle et ainsi de suite ; les agrégats devraient ne faire qu'un (comme le « Moi »). Ou alors, de même qu'il existe des agrégats, des éléments psychiques et des sources de perception, il devrait y avoir de nombreux « Moi(s) ». Qui plus est, quand les agrégats corporels de cette vie sont détruits, le « Moi » devrait lui aussi être détruit. C'est pourquoi il n'est pas possible que « Moi » et les agrégats ne fassent qu'un.

Par ailleurs, si le « Moi » et les agrégats étaient différents et autonomes, c'est-à-dire sans aucun lien de dépendance, quand mon corps est malade, cela ne signifierait pas que « je » suis malade, et quand mon estomac est rempli, cela ne signifierait pas que « je » suis repu. Or ce n'est pas le cas. Mon corps malade signifie bel et bien que « je » suis malade et j'en ressens la souffrance dans mon esprit. C'est pourquoi il n'est pas possible que « Moi » et les agrégats mentaux et physiques soient différents et sans relation entre eux.

Outre l'identité ou la différence, il n'y a pas d'autre mode d'existence possible pour le « Moi » et pour les agrégats. Car, dès lors qu'il y a un « Moi » qui selon son apparence existe en soi, il faut qu'il ne fasse qu'un avec les agrégats, ou alors qu'il en soit différent. Il n'y a pas d'autre manière d'exister pour lui que l'une de ces deux-là.

Sur cette base, puisque ce « Moi », qui se présente si agréablement à notre esprit comme doté d'une existence inhérente, n'est ni identique aux agrégats ni différent d'eux, on peut en conclure qu'un tel « Moi » n'existe tout simplement pas. Par l'affirmation de sa non-existence, il faut bien comprendre que, d'un côté, ce « Moi » tel qu'il apparaît à notre esprit n'existe pas mais, de l'autre côté, il n'est pas totalement non existant. Il demeure, par convention, un « Moi » dont l'existence est simplement supposée. Ce « Moi » supposé qui n'est qu'une convention est capable de manger et de boire, il peut posséder et utiliser des choses comme des vêtements, par exemple. Ce « Moi » qui erre dans le cycle des existences, qui pratique la religion pour atteindre la libération, on peut se le représenter sans aucune difficulté. Il est ainsi libéré des quatre extrêmes, qui sont : l'existence inhérente, la non-existence absolue, les deux à la fois, et ni l'une ni l'autre. Dans son *Texte fondamental appelé « Sagesse »* (XV, 10), Nāgārjuna dit :

> L'« existence » est une notion qui s'accroche à la permanence ;
> La « non-existence » est une vision nihiliste.

et :

> Ce n'est pas existant, ce n'est pas non existant, ce n'est pas l'un et l'autre
> Et ce n'est pas quelque chose qui n'est ni l'un ni l'autre.

Lorsque le « Moi » est clairement perçu comme libéré des quatre extrêmes et doté d'une simple existence nominale, c'est-à-dire comme une convention, on a saisi la notion subtile du vide du « Moi », qui est la base du non-Soi. Il reste alors à tourner le raisonnement vers d'autres objets et à l'appliquer par exemple à nos yeux, puis aux phénomènes extérieurs comme les formes, les sons, les goûts et les odeurs, et même à la vacuité elle-même. Grâce à la raison, on peut ainsi prouver que tous les phénomènes n'ont pas d'existence indépendante.

Pour bien comprendre la signification de cette absence d'existence en soi de tous les phénomènes, il faut d'abord apprendre la vacuité par l'étude approfondie des grands textes, en écoutant les maîtres, et l'on accède ainsi à la sagesse qui vient de l'audition. Puis, en repensant encore et toujours à sa signification, on parvient à la sagesse qui naît de la réflexion. Quand on s'est longuement familiarisé avec la méditation focalisée sur le sens que l'on a ainsi assimilé en profondeur, on accède à la sagesse qui naît de la méditation. Pour y arriver, il faut d'abord que les facultés psychiques soient devenues très puissantes, grâce à la maîtrise de la quiétude durable de l'esprit, et que l'on se concentre longuement sur la signification de la vacuité. On éprouve alors la félicité de la souplesse physique et mentale, tout comme lorsque l'on accède à la quiétude de l'esprit. La différence est que la félicité de la souplesse mentale et physique que l'on connaît dans la quiétude durable de l'esprit naît de la puissance de la méditation, alors que la félicité que l'on éprouve à présent naît de la puissance de l'analyse. Quand on parvient à cette forme particulière de méditation jointe à une telle félicité, on accède à une compréhension spéciale. Puisque l'objet de la méditation est la vacuité, elle consiste en une union de la quiétude durable de l'esprit avec une compréhension spéciale qui contemple la vacuité.

À ce stade, on a parcouru la voie de la préparation que nous avons évoquée précédemment. En outre, quand on contemple la vacuité directement pour la première fois, on atteint la voie de la vision et, étape après étape, on vient à bout des obstacles innés ou érigés par notre intellect. Enfin, on est en mesure de surmonter complètement et à jamais les obstacles sources d'afflictions et les obstacles à la connaissance universelle, de même que leurs prédispositions latentes.

Je n'ai fait, ici, qu'exposer de manière très condensée les étapes de la formation à la sagesse. Si l'on veut les envisager en termes de supériorité et d'infériorité, les trois formations ont été présentées en ordre croissant. Cependant, si on les considère dans leur ordre de succession dans un continuum, les deux formations précédentes sont en quelque sorte la base qui soutient la troisième, et la plus importante au commencement est donc la formation morale.

Si l'on suit les voies des trois formations, en prenant pour base la recherche du refuge et la compréhension du lien entre les actions et leurs effets, on peut parvenir au stade de la libération. Si l'on cultive en plus le précieux esprit d'éveil (Bodhicitta), qui naît de l'amour et de la compassion, et si l'on pratique alors les trois formations en conjonction avec une aspiration à l'illumination suprême pour le salut de tous les êtres sensibles, on peut accéder au stade de la connaissance universelle, la libération suprême.

L'esprit d'éveil

Comment cultiver l'esprit d'éveil ?

Il ne faut pas se soucier de son seul bien, mais de celui de tous les êtres sensibles. Comme chacun de nous, les êtres sensibles sont tous affligés par la souffrance, et même le plus petit des insectes est comparable à nous en ce qu'il aspire au bonheur et ne veut pas souffrir. Mais si les êtres sensibles ne veulent pas de la souffrance, ils ne savent pas comment lui échapper, et s'ils aspirent au bonheur, ils ignorent comment y accéder. Comme ils n'ont pas le pouvoir d'y parvenir par leurs propres moyens, il faut soi-même devenir capable de libérer les êtres sensibles de la souffrance ainsi que de ses causes et de leur procurer le bonheur.

Pour échapper à la souffrance et accéder au bonheur, il n'y a pas d'autre moyen que d'en trouver les causes : les causes de la souffrance, qui sont présentes dans les continuums des êtres sensibles et qu'il faut supprimer, et les causes du bonheur que chacun doit réaliser dans son propre continuum. Le Bienheureux a dit :

> Les Bouddhas ne lavent pas les péchés avec de l'eau,
> Ni ne suppriment les souffrances des êtres avec leurs mains,
> Ni ne transmettent aux autres leurs réalisations ; les êtres
> Sont libérés grâce aux enseignements de la vérité, de la nature des choses.

Il n'est pas possible de supprimer les péchés comme on lave une souillure avec de l'eau ou d'ôter la souffrance comme on enlève une épine. Il n'est pas possible pour un Bouddha de prendre ce qu'il a accompli dans son propre continuum pour le donner aux autres. Alors, comment supprimer la souffrance ? Les êtres sensibles en sont libérés par les enseignements sur la réalité, sur le mode d'existence des phénomènes.

Donc le moyen de libérer les êtres sensibles, c'est de leur enseigner ce qui doit être adopté et ce qui doit être écarté. Pour leur apporter cet enseignement, il faut d'abord le connaître et le comprendre soi-même. Aussi, nul autre qu'un Bouddha n'est capable d'enseigner sans erreur les voies qui conviennent aux diverses dispositions, pensées et intérêts, non de quelques êtres sensibles seulement, mais de tous. Dans ces conditions, le seul moyen d'atteindre le but, à savoir le bien des êtres sensibles, est d'accéder à la bouddhéité. Par exemple, ce qui désaltère l'homme assoiffé c'est de boire de l'eau ou autre chose, mais il lui faut d'abord chercher un récipient pour contenir cette eau. De même, ici, bien que l'objectif principal soit de libérer les êtres sensibles de la souffrance et de ses causes, il faut d'abord comprendre la nécessité d'aspirer à accéder à l'illumination suprême.

Cette attitude, si l'on parvient à la développer, est ce que l'on appelle l'esprit d'éveil, une aspiration à l'illumination suprême pour le salut de tous les êtres sensibles. Si, en conjonction avec cette attitude, on pratique les vertus, grandes ou petites, comme de méditer sur la vacuité, de cultiver la quiétude durable de l'esprit, de chercher le refuge, de refuser la violence, tous ces actes vertueux — associés à cette attitude altruiste — deviennent naturellement les causes de la connaissance universelle.

II
La clé
de la Voie du Milieu

Traité sur la réalisation de la vacuité

TENZIN GYATSO
Le quatorzième Dalaï-Lama

Traduit en anglais par Jeffrey Hopkins et Lati Rimpoche
avec la collaboration d'Alexander Berzin,
de Jonathan Landaw et d'Anne Klein
Traduit en français par Emmanuel Scavée

Note

Le texte a été traduit en anglais par Jeffrey Hopkins, qui l'a ensuite retraduit oralement en tibétain pour le faire vérifier et corriger par Lati Rimpoche, avant de le retravailler avec l'aide d'Alexander Berzin, de Jonathan Landaw et d'Anne Klein pour en améliorer la forme.

En dehors des extraits signalés par des notes, toutes les éditions sont celles de la bibliothèque rNam-rgyal Grva-tshang de Dharamsala. Pour les titres des commentaires, voir la bibliographie en fin d'ouvrage.

La clé de la Voie du Milieu

Hommage à la perfection de la sagesse

Je m'incline respectueusement devant le Conquérant,
Protecteur de tous les êtres par sa compassion sans limite,
Dont le domaine s'étend sur la sagesse et les actes, mais qui,
Telle une illusion, n'est désigné que par des mots et des pensées.

J'expliquerai ici en termes brefs l'essence
De l'ambroisie de sa bonne parole,
Le mode d'union de la vacuité et de ce qui naît de la dépendance,
Pour accroître la compréhension de ceux dont l'esprit bourgeonne.

Tous, nous aspirons au bonheur et nous ne voulons pas souffrir. Or, l'accès au bonheur et la cessation de la souffrance dépendent de nos actions physiques, verbales et mentales. Comme les actes du corps et les actes en paroles dépendent de l'esprit, il nous faut transformer l'esprit de manière constructive. Le moyen d'y parvenir est d'empêcher l'apparition d'états de conscience erronés tout en suscitant et en renforçant les bons états de conscience.

Qu'est-ce qui, dans ce contexte, caractérise un mauvais état de conscience ? Une fois engendré, un état de conscience peut nous rendre malheureux et perturber notre esprit qui était calme auparavant. Cela peut entraîner une respiration saccadée, une transpiration nerveuse, une sensation de malaise, etc. Il arrive qu'à la suite de ces problèmes on commette alors, en actes ou en paroles, des méfaits qui peuvent à leur tour nuire aux autres. Tous les états de conscience qui donnent naissance à ce genre de chaîne de causalité sont considérés comme mauvais. Quant à ce qui caractérise les bons états de conscience, c'est exactement le contraire. Tous les états de conscience qui apportent aux autres et à soi-même, superficiellement ou en profondeur, les fruits du bonheur et de la paix sont désignés comme bons.

Pour empêcher l'apparition de mauvais états de conscience, il est sans doute possible de recourir à certains moyens, par exemple subir une opération du cerveau, prendre toutes sortes de drogues pour s'engourdir l'esprit, comme si l'on somnolait, ou même pour perdre toute conscience, comme si l'on sombrait dans un sommeil profond. Toutefois, hormis un soulagement superficiel à l'occasion, ces procédés font plus de tort que de bien, comparés aux solutions en profondeur.

Voici comment l'on peut parvenir à une transformation bénéfique de l'esprit. Il nous faut d'abord songer aux désavantages des mauvais états de conscience, en apprenant à les identifier dans notre expérience personnelle. Puis nous devons reconnaître les bons états de conscience. Si, à force de réfléchir à leurs avantages et à leur valeur, nous développons une familiarité avec eux, les bons états de conscience deviendront plus puissants. Ces progrès s'opèrent grâce au pouvoir de la familiarité et au fait que les bons états de conscience reposent sur des bases solides et dépendent, dans leurs qualités, de l'esprit, ce qui les rend aptes à un développement illimité. Ainsi, naturellement, les états de conscience pernicieux perdront de leur vigueur. Avec le temps, des signes certains d'amélioration apparaîtront dans l'esprit.

Il y a quantité de méthodes différentes qu'ont enseignées les nombreux grands maîtres de ce monde pour transformer ainsi l'esprit. Elles varient selon l'époque et le lieu et selon les dispositions spirituelles des adeptes. Diverses méthodes pour discipliner l'esprit ont été enseignées dans les livres des bouddhistes. Je parlerai un peu ici de notre conception de la vacuité.

La notion du non-Soi est enseignée par les deux véhicules bouddhiques, le Mahāyāna et le Hīnayāna, et, pour ce qui concerne le Mahāyāna, elle apparaît aussi bien dans les sūtras que dans les tantras. Si l'on veut distinguer par la pratique un bouddhiste et un non-bouddhiste, la différence tient dans le fait que la personne trouve ou non un refuge dans les Trois Joyaux. Si l'on veut les distinguer par la théorie, la différence tient dans le fait que la personne affirme ou non les quatre sceaux attestant la conformité d'une doctrine avec la parole du Bouddha. Les quatre sceaux sont :

> Tous les produits sont impermanents.
> Toutes les choses impures sont misérables.
> Tous les phénomènes sont vides et dépourvus de Soi.
> Le nirvāṇa est la paix.

Ainsi, tous les bouddhistes affirment que les phénomènes sont vides et dépourvus de Soi.

Dans la notion du non-Soi, il y a notamment l'impersonnalité, c'est-à-dire la non-existence des personnes en tant qu'entités substantielles ou en tant qu'entités autosuffisantes. Cette assertion est défendue par les quatre grands courants de pensée du bouddhisme : leVaibhāṣika, le Sautrāntika, le Cittamātra et le Mādhyamika. Les cittamātrins, adeptes du Cittamātra, affirment en outre un non-Soi des phénomènes, qui est une vacuité des objets et des sujets en tant qu'entités différentes. Les mādhyamikas affirment un non-Soi des phénomènes qui est une vacuité de toute existence inhérente.

Les conceptions varient grandement dans leur subtilité selon qu'elles sont professées par des courants de pensée plus ou moins élevés. Toutefois, une bonne compréhension des systèmes moins élaborés facilite la perception en profondeur des vues plus élevées et peut donc s'avérer très utile. Le non-Soi sera présenté ici dans la conception du système Mādhyamika, et plus exactement selon les vues du Prāsaṅgika, l'une des branches de cette école de pensée avec le Svātantrika.

Question: Est-ce le Bienheureux lui-même qui a fondé toutes ces différentes écoles de pensée ? S'il l'a fait, sur quels sūtras s'appuie chacune d'elles ? Et est-ce nécessairement en vertu de l'autorité des écritures que l'on peut établir les différences de statuts et de profondeur de vue entre ces courants ?

Réponse: Les différentes conceptions des quatre écoles de pensée ont été énoncées par le Bienheureux lui-même en fonction des facultés mentales plus ou moins élevées de ses disciples. Certains adeptes risquaient de tomber dans le travers du nihilisme ou de perdre la foi s'ils cherchaient à appréhender le non-Soi. Pour eux, Bouddha a même enseigné l'existence d'un Soi dans quelques sūtras. Par ailleurs, certains adeptes risquaient de se laisser tenter par l'extrême de l'éternité ou par l'extrême de l'annihilation si Bouddha répondait à leurs questions par l'affirmative ou par la négative. Pour eux, Bouddha n'a pas dit « cela existe » ou « cela n'existe pas », mais il est demeuré silencieux comme dans le cas des quatorze vues inexprimables. C'est pourquoi, en ce qui concerne les modes du non-Soi, Bouddha a enseigné diverses formes, ainsi que je l'ai brièvement expliqué.

Les sūtras sur lesquels se fonde chacune des écoles de pensée sont les suivants. Les courants Vaibhāṣika et Sautrāntika s'appuient principalement sur les sūtras de la première roue de la Doctrine, comme le *Sūtra sur les Quatre Vérités (Catuḥsatya)*. L'école de pensée Cittamātra s'inspire principalement des sūtras du dernier tour de la roue de la Doctrine, comme le *Sūtra sur le Dénouement de la pensée (Saṃdhinirmocana)*. L'école des Mādhyamikas se fonde principalement sur les sūtras de la roue de la Doctrine qui se situe entre les deux précédentes, comme le *Sūtra des Cent Mille Stances sur la perfection de la sagesse (Śatasāhasrikāprajñāpāramitā).* Les trois séries des roues de la Doctrine peuvent être présentées de diverses manières selon qu'on les envisage du point de vue du lieu, de l'époque, du thème ou encore des adeptes auxquels les sermons s'adressaient. Mais il n'y a pas lieu, ici, de s'étendre si longuement sur cette question.

S'il fallait s'en rapporter à l'autorité des écritures pour ranger les différentes écoles selon leur statut et la profondeur de leur vue, on pourrait se demander quelles écritures il faut croire puisque chaque sūtra affirme la supériorité du système qu'il enseigne et, si l'on tenait pour vrai tel ou tel texte, on pourrait se demander ce qu'il faut penser des autres sūtras discordants. Mais le processus n'aurait jamais de fin si seule l'autorité des écritures permettait de décider de la vérité d'un sūtra au détriment des autres. C'est donc à la raison qu'il faut s'en remettre pour affirmer la supériorité et l'infériorité des différentes conceptions.

C'est pourquoi les sūtras du Mahāyāna disent qu'il est nécessaire de distinguer dans les écritures ce qui doit être interprété et ce qui est définitif. C'est d'ailleurs le propos de Bouddha quand il affirme dans un sūtra :

> Les moines et les érudits devraient
> Bien analyser mes paroles,
> Comme l'or est éprouvé par la fusion, le ciselage et le polissage,
> Et les adopter ensuite, mais non pas comme un témoignage de respect.

Dans son *Ornement des Sūtras du Mahāyāna (Mahāyānasūtrālaṃkāra)*, Maitreya a bien expliqué la pensée de Bouddha qui motive cette affirmation. Il a ainsi établi les quatre créances :

1. On ne doit pas se fier à la personne d'un maître, mais au principe ou à la doctrine qu'il enseigne.
2. On ne doit pas se fier simplement à l'euphonie de ses paroles, mais à leur sens.
3. Pour ce qui est du sens, on ne doit pas se fier à ces enseignements qui exigent une interprétation. Une telle interprétation serait nécessaire s'il y avait dans la pensée du maître quelque autre fondement non explicite, s'il y avait une raison pour que son enseignement soit énoncé sous une forme interprétable et si les termes explicites de son enseignement étaient sujets à réfutation. On doit plutôt s'appuyer sur les enseignements qui ont un sens définitif, c'est-à-dire qui n'exigent pas d'interprétation.
4. Pour ce qui est du sens définitif, on ne doit pas se fier à une conscience dualiste, mais à une sagesse non conceptuelle.

Pour développer une sagesse non conceptuelle qui appréhende une vacuité profonde, il faut d'abord cultiver une conscience conceptuelle qui appréhende la vacuité et, lorsque l'on parvient à une perception claire de l'objet de la méditation, cela devient une sagesse non conceptuelle. Qui plus est, l'apparition de cette conscience conceptuelle doit se fonder uniquement sur un raisonnement correct. Fondamentalement, donc, tout ce processus en revient au raisonnement, qui lui-même s'appuie sur des expériences que nous partageons avec d'autres. Dignāga et Dharmakīrti, les maîtres de la logique, estiment d'ailleurs que, fondamentalement, un raisonnement dérive d'une expérience manifeste.

Question : S'il s'agit d'améliorer l'esprit, à quoi sert-il de développer des critères de connaissance justes et des états de conscience qui appréhendent la notion de vacuité ? Ce dont les adeptes ont besoin, c'est de bonté et d'un sens de l'application pratique. Ce sont les lettrés qui ont besoin d'érudition.

Réponse: L'amélioration de l'esprit comporte de nombreux stades. Il en est pour lesquels l'analyse des raisons n'est pas nécessaire, comme lorsqu'il s'agit simplement de cultiver par la méditation une foi sincère. Cependant, les bienfaits que l'on retire par cette seule méthode n'ont guère de vigueur pour développer dans l'esprit une bonté sans limite. Particulièrement, il ne suffit pas de le familiariser avec l'objet de sa méditation, il doit y entrer une part de raisonnement. D'ailleurs, il ne suffit pas non plus que l'objet de la méditation soit étayé par des raisons en général ; le méditant lui-même doit les connaître et avoir trouvé en elles une conviction. Pour l'adepte du niveau le plus élevé, il est donc impossible de ne pas faire appel à son intelligence.

Pourtant, si l'on était contraint de choisir entre un sens de l'application pratique et l'érudition, le plus important serait le sens de l'application pratique, car celui qui le possède tirera pleinement profit de tout ce qu'il sait. Chez l'homme dont l'esprit n'est pas discipliné, la seule érudition peut produire et aggraver de mauvais états de conscience, sources de désagréments pour lui-même et pour les autres, au lieu du bonheur et de la paix de l'esprit, qui sont les buts recherchés. Il risque de nourrir de la jalousie envers ceux qui le surpassent, de la rivalité envers ses égaux, du mépris envers ses subalternes et ainsi de suite. C'est comme si le médicament se transformait en poison. Le danger est grand, et il est essentiel de pouvoir se reposer sur un mélange d'érudition, de sens de l'application pratique et de bonté, sans que l'érudition étouffe l'application pratique ou inversement.

En ce qui concerne maintenant l'amélioration de l'esprit, pour bien comprendre la signification du non-Soi ou de la vacuité, il est nécessaire de saisir d'abord de quoi exactement un phénomène est vide quand on parle d'une « vacuité ». Le Bodhisattva Śāntideva dit dans son *Introduction aux Actes du Bodhisattva (Bodhicaryāvatāra,* IX, 140) :

Sans identifier la chose concernée
On ne peut appréhender sa non-existence.

De même, sans déterminer de quoi un phénomène est vide, on ne peut comprendre sa vacuité.

Question : De quoi un phénomène est-il vide ?

Réponse : Dans la pratique du Prāsaṅgika, quand nous parlons d'une vacuité, nous ne faisons pas allusion à l'état d'un objet qui est vide de quelque autre entité existante. Ainsi, si l'on peut qualifier de « vide » un arc-en-ciel, puisque c'est un phénomène dépourvu de matérialité tangible, ce n'est pas ce genre de vacuité que nous avons à l'esprit. D'une part, parce qu'il peut exister quelque chose de tangible en dehors de cet arc-en-ciel vide et, surtout, parce qu'il reste quand même quelque chose de positif dans cet arc-en-ciel vide de toute matérialité tangible, comme par exemple les couleurs qui le caractérisent. On peut aussi parler d'un « espace vide », puisque l'espace est vide de tout élément physique, mais ce n'est pas non plus un exemple de ce que nous entendons par « vacuité », bien qu'il n'y ait, cette fois, rien de positif dans cet espace qui est la simple absence de tout élément physique. Mais ici aussi il peut exister des éléments physiques en dehors de cet espace vide. En fait, quand nous disons d'un phénomène qu'il est vide, nous voulons dire qu'il est vide de toute existence propre et inhérente — laquelle n'a aucune réalité, ni dans le phénomène ni en dehors. À un certain égard, il y a néanmoins une similarité en ce que, tout comme l'arc-en-ciel est naturellement vide d'éléments tangibles — il n'a jamais été tangible —, de même, un phénomène est naturellement vide d'existence inhérente — il n'a jamais eu d'existence inhérente. Ce qui fait ici l'objet de la négation (l'existence inhérente) n'a pas existé auparavant pour être éliminé par la suite, comme la forêt qui existait hier et qui brûle aujourd'hui, avec pour conséquence que la zone qu'elle occupait est à présent vide de forêt. Non, c'est plutôt le vide d'un objet de négation (l'existence inhérente) dont on n'a jamais, de toute éternité, pu reconnaître valablement l'existence.

Pour ce qui est, donc, de la manière dont un phénomène est vide de l'objet qui est nié, ce n'est pas comme si l'on parlait d'une table vide de fleurs. Là, l'objet de la négation, les fleurs, est une entité séparée de la base de la négation, la table. Quand l'objet de la négation est une existence inhérente, en revanche, nous ne nions pas une entité séparée de la base de la négation, un phénomène, mais nous nions un mode d'existence de la base de la négation elle-même. Nous affirmons que la base de la négation, le phénomène, n'existe pas de la manière indiquée par l'objet de la négation, une existence propre et inhérente. C'est pourquoi, sans déterminer ce qu'est exactement cet objet de la négation dont les phénomènes sont vides, c'est-à-dire sans déterminer de quoi le Soi est la mesure dans la théorie du non-Soi, nous ne pouvons comprendre la signification d'une vacuité. Ce que nous entendons par vacuité n'est absolument pas un simple vide sans autre précision comme « l'objet de la négation est ceci » et « n'est pas cela ».

Question : À quoi bon se donner tant de mal pour comprendre d'abord ce qu'une chose qui n'existe certainement pas (l'existence inhérente) signifierait si elle existait et décider ensuite qu'elle n'existe pas ?

Réponse : Chacun sait que le fait de tenir pour vraies de fausses informations est une source de confusion et de souffrance. De même, quand nous croyons que les phénomènes ont une existence inhérente alors qu'ils n'en ont pas, nous nous faisons également du tort. Pour prendre, par exemple, la conscience du « Moi » et ses différents modes de manifestation, il y a une différence certaine entre la manière dont ce « Moi » est appréhendé quand on conçoit du désir, de la haine, de l'orgueil du fait de notre perception du « Moi » et la manière dont on l'envisage quand on est détendu, sans que se manifeste aucune de ces attitudes. De même, il y a la simple conscience qui appréhende un article dans un magasin avant qu'on ne l'achète et la conscience qui appréhende ce même article après son achat, quand on le regarde comme sien et que l'on nourrit à son endroit un attachement jaloux. Ces deux types de conscience se rapportent au même objet et, dans les deux cas, la manière dont l'article nous apparaît est celle d'une existence inhérente. Il y a cependant une différence, c'est la présence ou l'absence de notre adhésion à cette apparence d'existence inhérente ou indépendante.

Pour prendre un autre exemple, quand nous voyons dix hommes, il nous semble, du simple fait de les voir, que ces dix hommes existent par eux-mêmes, objectivement. Pourtant, à ce moment, il n'est pas certain que nous irons jusqu'à adhérer à l'apparence de ces dix hommes pourvus d'une existence inhérente au point de la tenir pour vraie. Si nous devions en arriver là, voici ce qui se passerait. Pour de bonnes ou de mauvaises raisons, nous finirions par nous faire de ces hommes une opinion bien enracinée (du fait que nous les concevons comme dotés d'une existence inhérente) par laquelle nous serions persuadés à tort que l'un de ces dix hommes est bon ou méchant. À ce stade, notre intellect ajouterait, en surimpression, à l'apparence de cet homme une bonté ou une méchanceté qui excède la réalité. Avec les sentiments de désir, de convoitise ou de haine qui en découleraient, nous en viendrions à adhérer avec certitude à la vérité de cet objet : l'apparence d'un homme bon ou méchant doté d'une existence inhérente.

Un mauvais état de conscience, quel qu'il soit, est donc précédé par la conception d'une existence inhérente qui nous entraîne et nous mène par le bout du nez, et qui accompagne ou favorise aussi la naissance de quantité d'autres mauvais états de conscience. Si l'ignorance ne nous amenait pas à croire en l'existence inhérente des phénomènes, nous ne serions pas exposés à concevoir de la convoitise, de la haine et ainsi de suite. Puisqu'il en est ainsi, il est important de comprendre la vacuité absolue de l'objet de la négation, ce qui en d'autres termes revient à dire qu'il est important d'identifier la non-existence de cette entité (l'existence inhérente) dont on n'a jamais pu reconnaître valablement l'existence. Une fois cela accompli, il faut encore parvenir ensuite à une conviction. La finalité de ce processus est d'arrêter l'afflux de fausses pensées inépuisables comme les vagues de l'océan, qu'engendrent la force de l'apparence et la force de notre adhésion à ce faux-semblant. Comme le dit Nāgārjuna dans le dix-huitième chapitre de son *Texte fondamental appelé « Sagesse »* (*Prajñā-nāma-mūlamadhyamakakārikā*, XVIII, 4-5) :

> Quand les pensées de l'interne
> Et de l'externe, comme « Moi » et « le mien »,
> Ont péri, l'attachement cesse
> Et par cette cessation, la renaissance cesse.
>
> Quand les actions et les afflictions cessent, vient la libération ;
> Elles naissent des fausses conceptions, qui elles-mêmes naissent
> Des élaborations de fausses vues sur l'existence inhérente ;
> Les élaborations cessent dans la vacuité.

La réalité d'une existence inhérente n'a jamais été appréhendée valablement ; il est donc impossible qu'aucun phénomène existe par son seul pouvoir. Or, puisque l'on sait que de simples manifestations dépendantes, qui sont en fait vides de toute existence inhérente, provoquent toutes sortes de conséquences bénéfiques ou préjudiciables, il faut en conclure qu'elles ont une existence. Donc, de simples manifestations dépendantes existent bel et bien. Et dès lors, tous les phénomènes existent, du moins dans ce mode d'apparition, c'est-à-dire comme des variétés de manifestations dépendantes. Ils apparaissent ainsi sans aller au-delà de leur propre sphère, sans avoir d'autre nature que celle d'êtres dotés d'une existence non inhérente. C'est ce qui explique que tous les phénomènes ont deux entités : une entité qui est leur mode d'apparition superficiel et une entité qui est leur mode d'existence profond. On les nomme respectivement vérité conventionnelle et vérité ultime.

Dans son *Texte fondamental appelé « Sagesse »* (XXIV, 8), le maître (ārya) Nāgārjuna dit :

> Les doctrines enseignées par les Bouddhas
> Dépendent entièrement des deux vérités,
> Les vérités conventionnelles de ce monde
> Et les vérités ultimes.

Et le glorieux Candrakīrti ajoute dans son *Supplément au « Traité sur la Voie du Milieu »* (de Nāgārjuna) (*Madhyamakāvatāra*, VI, 23)[1] :

> [Bouddha] a dit que tous les phénomènes ont deux entités,
> Les unes sont connues de ceux qui perçoivent le vrai et les autres de ceux qui perçoivent le faux ;
> Les objets connus de ceux qui perçoivent le vrai sont les réalités,
> Les objets connus par ceux qui perçoivent le faux sont les vérités conventionnelles.

Nous reviendrons plus loin sur les vérités ultimes et leurs catégories. Les vérités conventionnelles se

---

1. Le *Texte fondamental appelé « Sagesse »* et le *Traité sur la Voie du Milieu* sont un seul et même livre. Cette citation et la suivante sont traduites en conformité avec le commentaire de Tsong-ka-pa.

répartissent elles-mêmes en réelles et irréelles du point de vue d'une conscience ordinaire de ce monde. Candrakīrti explique (*Supplément*, VI, 24-25) :

> Ceux qui perçoivent le faux sont dits aussi être de deux types,
> Ceux aux sens clairs et ceux aux sens déficients.
> Une conscience pourvue d'une perception déficiente est dite
> Fausse par rapport à celle dont la perception est saine.
>
> Les objets conçus par le monde et appréhendés
> Par les six sens non déficients ne sont vrais
> Que du point de vue du monde, le reste est présenté
> Comme irréel du seul point de vue du monde.

L'intérêt qu'il y a à connaître les deux vérités est le suivant. Comme nous sommes nécessairement concernés par ces apparences qui entraînent toutes sortes d'effets bons et mauvais, il nous faut connaître les deux natures, superficielle et profonde, de ces objets avec lesquels nous sommes en relation. Imaginons, par exemple, que nous avons un voisin rusé et sournois. Nous sommes toujours dans la nécessité de traiter avec lui et nous entretenons des rapports fondés sur une opinion de lui qui s'accorde uniquement à son apparence extérieure plaisante. Les divers préjudices que nous subissons dans cette relation ne sont pas dus au simple fait d'avoir traité avec cet homme. L'erreur que nous avons commise a plutôt trait à la manière dont nous nous sommes laissé abuser dans les rapports que nous avions avec lui. Faute de connaître la vraie nature de cet homme, nous ne l'avons pas considéré comme il le méritait et nous avons été trompé. Donc si nous avions connu à la fois son apparence extérieure et sa nature fondamentale, nous aurions usé dans nos rapports de la réserve appropriée à sa nature, et ainsi de suite. En agissant avec la prudence qui s'imposait, nous n'aurions pas à déplorer la moindre perte.

De même, si les phénomènes n'avaient pas d'autre nature profonde que leur mode d'existence extérieure ou superficielle et si leur réalité était conforme à leur apparence, il suffirait de considérer que la manière conventionnelle dont ils se présentent est la vérité et de placer en elle notre confiance. Pourtant, il n'en va pas ainsi. Bien que les phénomènes semblent vrais, absolument vrais, en définitive ils ne sont pas vrais. Les phénomènes se situent entre les deux extrêmes : sans existence véritable ou inhérente, mais non pas pour autant inexistants. Cette conception ou cette vision des choses — la connaissance d'un tel mode d'existence — est ce que l'on appelle la Voie du Milieu.

Cela étant posé, voici comment on peut formuler l'absence d'une existence inhérente ou d'un Soi. Tous les objets qui nous apparaissent maintenant — les formes, les sons et tout ce que nous connaissons par les yeux, les oreilles et ainsi de suite, ou même les objets que nous connaissons par l'esprit, par l'expérience, etc. —, ces objets sont les bases de la négation par rapport auxquelles l'objet de la négation, leur existence inhérente, est réfuté. Ils semblent dotés d'une existence inhérente ou d'une existence indépendante, ou encore d'une existence objective. Donc, en dehors de la sagesse qui connaît directement la vacuité, toutes les consciences sont abusées.

Question : Si toutes les consciences qui ne connaissent pas directement la vacuité sont abusées, cela signifie-t-il qu'il n'y a aucun moyen de certifier l'existence conventionnelle des phénomènes, leurs formes, etc. ? Ou cela veut-il dire que, si la condition de l'existence conventionnelle d'un phénomène est qu'il existe non pas selon un critère de connaissance juste mais pour une conscience abusée et pervertie, il s'ensuit que la non-existence d'un phénomène est impossible, puisque n'importe quel phénomène pourrait toujours être perçu par une conscience abusée ?

Réponse: Il n'est pas contradictoire qu'une conscience soit abusée, parce que les objets lui apparaissent comme s'ils existaient par eux-mêmes, et qu'elle soit en même temps saine, parce qu'elle ne se trompe pas sur son objet principal. Par exemple, une conscience visuelle qui perçoit une forme est bien une conscience abusée, puisque la forme lui apparaît dotée d'une existence inhérente. Pourtant, dans la mesure où elle perçoit la forme comme une forme et ne la conçoit pas comme existant en soi, elle demeure un critère de connaissance juste. Qui plus est, une conscience visuelle qui perçoit une forme est aussi un critère de connaissance juste pour ce qui concerne l'apparence de cette forme, et même pour son apparence d'existence inhérente. Toutes les consciences dualistes sont donc des critères de connaissance justes pour ce qui est de leurs propres objets de perception. Dans l'expression « une conscience qui connaît son objet », le terme conscience renvoie à une perception claire de l'image de l'objet engendrée par la force de son apparence.

Par ailleurs, la condition de l'existence conventionnelle d'un phénomène n'est pas seulement d'exister pour une conscience abusée et pervertie. On sait, par exemple, qu'une personne atteinte de la cataracte a l'impression, dans sa conscience visuelle, de voir tomber des cheveux. Comme cette conscience est née de l'image de cheveux qui tombent, elle est un critère de connaissance juste et direct pour ce qui est de l'objet de sa perception. Pourtant, comme les cheveux qui tombent, à la base de cette apparence, n'existent absolument pas, cette conscience se trompe sur son objet principal. Ainsi, puisque la conscience de cheveux qui tombent est directement démentie par une conscience au mode de perception sain, on considère que c'est une conscience fausse ou déficiente. Comment ce qui existe pour cette conscience abusée pourrait-il être la condition de l'existence conventionnelle d'un phénomène ?

En résumé, on peut dire que, bien qu'il n'y ait pas de phénomène que l'esprit ne puisse concevoir, tout ce que l'esprit conçoit n'existe pas nécessairement.

Quand un phénomène semble doté d'une existence inhérente, s'il existait bel et bien tel qu'il apparaît, l'entité de son existence inhérente n'en serait nécessairement que plus claire à l'analyse approfondie de son mode d'existence. Cela vaut aussi pour tout ce que l'on connaît généralement dans le monde : ce qui est vrai se révèle de plus en plus clair et solidement fondé à mesure qu'on l'analyse. Ce qui est faux, au contraire, ne résiste pas à l'analyse : plus on l'examine, plus cela devient confus. *La Précieuse Guirlande* (*Ratnāvalī*, 52-53) de Nāgārjuna dit :

> Une forme aperçue dans le lointain
> Est clairement vue par ceux qui sont tout près.
> Si un mirage était de l'eau, pourquoi
> Ceux qui sont près ne voient-ils pas de l'eau ?
>
> La manière dont ce monde semble
> Réel pour ceux qui le regardent de loin
> N'est pas celle dont le voient ceux qui sont près,
> Aux yeux desquels il est aussi insignifiant qu'un mirage.

Prenons un exemple. Quand on dit et qu'on pense que les êtres humains devraient être heureux, l'humain qui aspire au bonheur apparaît dans notre esprit comme s'il existait par lui-même. Pour créer ce bonheur humain, il faut réunir les circonstances favorables aux plaisirs physiques, comme la nourriture, les vêtements, un abri, des médicaments, des moyens de transport, et les circonstances favorables aux plaisirs psychiques, comme une éducation supérieure, la respectabilité, la bonne humeur et la tranquillité de l'esprit. Pour faire le bonheur d'un être humain, il faut donc passer par les plaisirs physiques et mentaux. ela étant, si l'on réfléchit, pour comprendre ce qu'est véritablement cet humain, on découvre que, pris individuellement, son corps et son esprit ne sont pas l'être humain et, en dehors de ces deux éléments, il n'y a rien que nous puissions identifier comme tel et dire : « Voici l'être humain. »

De même, quand nous rencontrons une connaissance du nom de « Lucky », par exemple, on peut dire après : « J'ai vu Lucky » ; « Lucky a vieilli » ; ou « Lucky a grossi ». Si l'on n'analyse pas ces déclarations, le simple fait d'avoir vu le corps de Lucky revient à dire que l'on a vu Lucky ; le fait d'avoir vu son corps affaibli revient à dire que l'on a vu Lucky affaibli ; et le fait d'avoir vu son corps grossi revient à dire que l'on a vu Lucky grossi. Une conscience qui perçoit les choses ainsi, sans analyse, n'est pas une conscience déficiente, et ces déclarations ne sont pas fausses. Pourtant, quand on y réfléchit, on ne voit nulle part de vrai Lucky, qui est le possesseur de ce corps, et son vieillissement ou son grossissement ne résistent pas non plus à l'analyse. Par ailleurs, on parle de Lucky comme d'un homme bon ou mauvais, en se rapportant à la bonté ou à la méchanceté de son esprit. Mais l'esprit de Lucky n'est pas Lucky. Bref, il n'y a pas la moindre part qui soit Lucky dans l'ensemble de son esprit et de son corps, dans son continuum ou dans ses parties individuelles. Ainsi, on appelle « Lucky » le simple regroupement de son corps et de son esprit. Comme le dit Nāgārjuna dans sa *Précieuse Guirlande* (80) :

> La personne n'est ni terre, ni eau,
> Ni feu, ni vent, ni espace,
> Ni conscience, ni tout cela ensemble ;
> Qu'est-ce d'autre alors que la personne ?

D'ailleurs, si l'on prend l'affirmation : « J'ai vu le corps de Lucky », le simple fait de voir une partie de son épiderme parmi les nombreux éléments de son corps, la chair, les os, etc., revient à voir son corps. Même si l'on ne voit pas le sang et les os, cela ne signifie pas qu'on ne voit pas son corps. Pour voir un corps, il n'est pas nécessaire de le voir tout entier. Il suffit d'en voir même une petite partie et cela revient à voir le corps. Cependant, il arrive que, par la force des conventions en usage, si l'on ne voit pas une certaine partie, ce n'est plus comme si l'on voyait le corps. De même, si on le décompose en ses éléments individuels, les jambes, les bras, etc., on ne trouve pas de corps. Les jambes et les bras peuvent à leur tour être décomposés en distinguant les orteils et les doigts, puis les phalanges et ainsi de suite pour obtenir des parties de plus en plus petites. Et même les particules les plus infimes peuvent être divisées en fonction des directions spatiales, haut, bas, etc. Ainsi décomposées, aucune de ces entités ne peut être trouvée. Si les petites particules n'étaient pas analysables en éléments orientés dans l'espace, c'est-à-dire si elles n'avaient pas de côté, peu importe quelle quantité de ces particules on réunirait, il serait impossible de les assembler pour constituer une masse.

D'un autre côté, on dit de Lucky qu'il est heureux ou malheureux selon qu'il a l'esprit tranquille ou non. Mais quel est cet esprit qui est à la base de cette affirmation ? Il n'a pas d'existence physique, il n'a rien de tangible ; n'importe quel objet peut lui apparaître et il n'existe que comme une entité de connaissance. Et encore, cette description ne vaut qu'en dehors de toute analyse car, quand on l'analyse, il est introuvable. Quand on dit que l'esprit de Lucky est heureux, c'est l'entité de cet esprit qu'il convient d'analyser. Si on la divise en moments individuels, on ne trouve aucune masse qui soit composée de ces nombreux moments récents ou plus anciens. Pour les moments les plus récents, les moments antérieurs ont cessé ; ils ne sont donc plus là et leur entité consciente a disparu. Comme les moments futurs ne sont pas encore arrivés, ils n'existent pas maintenant. Mais le seul moment présent n'est pas séparé de ce qui est déjà arrivé et de ce qui n'est pas encore arrivé. Donc, dès lors qu'on se met à chercher, il s'avère qu'on ne parvient pas à démontrer l'existence d'une conscience présente. Quand on cherche cet esprit heureux dont il est question dans l'affirmation « Son esprit est heureux », il est absolument introuvable. Autrement dit, ce qu'on appelle des esprits heureux, malheureux, etc. ne désigne qu'un simple regroupement de moments passés et futurs. Et même le moment le plus bref est constitué de parties : il a un début et une fin. Si les moments étaient simples, sans parties, ils ne pourraient jamais former un continuum.

De même, quand un objet externe comme une table se présente à notre esprit, ce qui nous apparaît, c'est une table qui existe naturellement ou indépendamment. Analysons maintenant cette table en la considérant dans sa totalité et dans ses parties. D'une manière générale, on peut définir la table comme étant le support des qualités qu'elle présente — la forme, la couleur, le matériau et la taille — et l'examen de ses qualités permet de parler de sa valeur et ainsi de suite. Lorsque l'on dit, par exemple : « Cette table est bonne, mais sa couleur n'est pas bonne », il y a forcément une table qui se trouve à la base de l'estimation de la qualité de sa couleur. Il existe bien, conventionnellement, un support qui possède ces qualités. Mais si on les prend individuellement, les caractéristiques et les parties de la table ne sont pas elles-mêmes le support des qualités. On peut donc les éliminer mais, cela fait, on ne trouve nulle part de support à ces qualités. Si un tel support n'existe pas, comme ces qualités sont nécessairement établies en fonction de leur support et, qui plus est, comme le support se définit nécessairement en fonction de ces qualités, on peut donc en conclure que les qualités n'existent pas non plus.

Pour illustrer ceci, prenons l'exemple d'un rosaire formé de cent huit grains. L'ensemble, le rosaire, compte cent huit grains qui en sont les éléments constitutifs. Les parties et l'ensemble sont conventionnellement différents ; pourtant, quand les parties sont éliminées, on ne trouve plus de rosaire. Puisque le rosaire est un et que ses parties sont nombreuses, le rosaire ne se confond pas avec ses parties. Mais, puisque si l'on élimine les parties il n'existe pas de rosaire séparément, c'est donc qu'il n'est pas fondamentalement différent de ses parties. Puisque le rosaire n'existe pas séparément de ses parties, il ne peut pas en soi être dépendant des parties, pas plus que les parties ne dépendent en elles-mêmes de lui. Donc, les grains n'appartiennent pas fondamentalement au rosaire. De même, comme la forme du rosaire est une de ses qualités, cette forme n'est pas elle-même le rosaire. De plus, l'ensemble formé par les grains et la ficelle constitue la base à partir de laquelle l'existence du rosaire est supposée. Donc, ce n'est pas non plus le rosaire. Ainsi, le rosaire, si on le cherche de cette manière, est introuvable. Si, en outre, on procède de même avec les grains pris individuellement, c'est-à-dire si on les envisage comme ne faisant qu'un avec leurs éléments constitutifs ou distinctement de leurs éléments constitutifs et ainsi de suite, ils sont eux aussi introuvables. On peut aller plus loin : puisque les forêts, les armées, les continents et les pays sont définis comme des ensembles composés de nombreuses parties, si on les analyse l'un après l'autre, en essayant de déterminer s'ils sont ceci ou s'ils ne sont pas cela, ils s'avèrent absolument introuvables.

Par ailleurs, il est évident que le bien et le mal, le haut et le bas, le grand et le petit, l'ami et l'ennemi, le père et le fils, et ainsi de suite, sont autant d'imputations qui se fondent réciproquement l'une sur l'autre. Même la terre, l'eau, le feu, le vent, etc., sont définis en fonction de leurs éléments. L'espace est posé en fonction de ses parties qui englobent les directions. Enfin, les Bouddhas, les êtres sensibles, le cycle des existences, le nirvāṇa et tout le reste ne sont que des imputations qui dépendent de leurs parties et de leurs bases d'imputation.

Comme on le sait, « un effet est engendré par une ou des causes ». Donc, ce processus de génération existe conventionnellement. Tâchons néanmoins d'analyser sa signification. Si les effets étaient engendrés sans cause, ou bien ils seraient engendrés tout le temps, ou bien ils ne seraient jamais engendrés. S'ils étaient engendrés par eux-mêmes, cela n'aurait pas de sens : pourquoi ce qui est déjà une entité propre serait-il à nouveau engendré ? Il faudrait admettre alors qu'il s'agit d'un processus sans fin. Si les effets étaient engendrés par des entités autres qu'eux-mêmes, ils seraient engendrés par n'importe quoi, aussi bien par ce qui est conventionnellement considéré comme leurs causes que par ce qui ne l'est pas (puisque l'un et l'autre sont également différents). Ou bien, il serait contradictoire que les effets dépendent des causes (car, étant entièrement séparés, ils ne pourraient être en corrélation). Il n'est pas possible non plus que les effets soient engendrés à la fois par eux-mêmes et par d'autres entités (puisque l'on a déjà démontré l'invalidité de ces deux propositions séparément). Donc, si l'on cherche le sens de ce que l'on appelle la « production » d'un effet, on découvre que le processus ne peut être établi. Comme le dit maître Nāgārjuna dans son *Texte fondamental appelé « Sagesse »* (I, 1) :

> Il n'y a jamais de production
> D'un quelconque phénomène
> Ni par lui-même, ni par d'autres,
> Ni par lui-même et d'autres à la fois, ni sans cause.

Il est généralement admis, et conventionnellement correct, que les causes engendrent des effets. Mais portons maintenant notre analyse sur ces effets. Si l'effet produit avait une existence inhérente, comment pourrait-il être vrai que ce qui existe déjà soit engendré à nouveau ? Il n'est pas besoin de causes pour le créer encore. En général, dans la réalité conventionnelle, les causes créent ce qui n'a pas encore été produit ou ce qui n'existe pas au moment des causes. Pourtant, si ce qui n'est pas produit avait pour vraie nature de n'être pas produit, cela reviendrait à dire qu'il n'existe absolument pas. Comment, dès lors, pourrait-il être engendré par des causes ? Comme le dit Nāgārjuna dans ses *Soixante-Dix Stances sur la Vacuité (Śūnyatāsaptati)* :

Parce qu'il existe, l'existant n'est pas engendré ;
Parce qu'il n'existe pas, le non-existant n'est pas engendré.

En résumé, lorsque l'existence d'un phénomène dépend nécessairement de causes, de conditions et d'autres phénomènes, il ne peut, sans contradiction, exister indépendamment, car dépendance et indépendance sont contradictoires. Le *Sūtra des Questions du roi des Nāgas, Anavatapta (Anavataptanāgarājaparipṛcchā)* dit :

Ce qui est engendré par des causes n'est pas engendré [en soi],
Cela n'a pas de nature inhérente.
On dit que ce qui dépend de causes est
Vide ; celui qui connaît la vacuité est éveillé.

Et Nāgārjuna dit dans son *Texte fondamental appelé « Sagesse »* (XXIV, 19) :

Comme il n'y a pas de phénomènes
Qui ne soient des manifestations dépendantes,
Il n'y a pas de phénomènes
Qui ne soient vides.

Āryadeva ajoute dans ses *Quatre Cents (Catuḥśataka*, XIV, 23) :

Les phénomènes qui se manifestent dans la dépendance
Ne peuvent avoir de pouvoir propre ; puisque tous
Manquent d'indépendance, il ne peut y avoir
De Soi [d'existence inhérente].

Si les phénomènes n'étaient pas vides de toute base fondamentale ou de toute existence inhérente, il serait impossible qu'ils se transforment en fonction de diverses causes. S'ils existaient par eux-mêmes, par leur propre base fondamentale, quelque sorte d'entité qu'ils soient, bonne ou mauvaise, comment pourraient-ils changer ? Si un bon arbre fruitier, par exemple, existait par lui-même, du seul fait de sa propre entité ou de son propre fondement intérieur, comment se pourrait-il qu'il cesse de porter ? Si le mode d'apparition actuel de ces choses dans nos esprits était leur mode d'existence propre, comment pourrions-nous être trompés ? Même dans le monde ordinaire, on connaît de nombreux cas de divergence entre les apparences et la réalité. C'est pourquoi, bien que tout semble avoir une existence inhérente pour nos esprits contaminés depuis toujours par les erreurs de l'ignorance, si ces objets existaient vraiment par eux-mêmes, ils seraient au fond d'eux-mêmes exactement tels qu'ils apparaissent. Dans ce cas, la conscience qui sonderait un phénomène en quête de son fondement intérieur le verrait devenir encore plus clair à l'analyse. À quoi cela tient-il si, quand on y regarde de plus près, les phénomènes se dérobent et semblent disparaître ?

Et puis, comme le dit Candrakīrti dans son *Supplément* (VI, 34-36)[1] :

> Si l'existence inhérente [des phénomènes] dépendait [de causes, le yogi
> Qui réalise la vacuité] détruirait les phénomènes en les niant ;
> Ainsi, [la contemplation de] la vacuité serait une cause de destruction des phénomènes, mais comme
> Cela n'est pas raisonnable, c'est que les phénomènes n'ont pas [d'existence inhérente].

1. Les ajouts entre crochets proviennent du commentaire de Tsong-ka-pa, éd. Tokyo-Kyoto, vol. 154, 49-1-1 à 51-1-7.

Quand ces phénomènes sont analysés, ils se révèlent n'être pas
Autre chose que des phénomènes avec leur nature
De réalité [qui n'ont pas en eux-mêmes la possibilité de se produire ou de cesser];
C'est pourquoi il n'y a pas lieu d'analyser les vérités conventionnelles de ce monde.

Quand la réalité [est analysée], la production
Des phénomènes par eux-mêmes et par d'autres n'est pas admissible,
En suivant le même raisonnement [la faculté inhérente de se produire] n'est pas non plus admissible
Conventionnellement; comment dès lors votre production [existant par elle-même] pourrait-elle être [établie]?

Candrakīrti explique ici que, si les phénomènes avaient une existence naturelle ou inhérente, il s'ensuivrait que la méditation d'un maître qui réalise la vacuité entraînerait la destruction de ces phénomènes. Il s'ensuivrait aussi que les vérités conventionnelles résisteraient à l'analyse raisonnée. En outre, il s'ensuivrait qu'en définitive le processus de production ne serait pas réfuté et que de nombreux sūtras sont erronés quand ils enseignent que les phénomènes sont vides d'eux-mêmes, en ce sens qu'ils sont vides de leur propre existence inhérente et naturelle. L'un des grands sūtras, par exemple, le *Sūtra des Vingt-Cinq Mille Stances sur la perfection de la sagesse (Pañcaviṃśatisāhasrikāprajñāpāramitā),* dit: « Ainsi, Śāriputra[1], quand un Bodhisattva, un grand être, pratique la perfection de la sagesse, il ne considère pas un Bodhisattva comme réel... Pourquoi? C'est ainsi, Śāriputra: un Bodhisattva est vide d'une existence inhérente de

1. Śāriputra est l'un des « Dix Grands Disciples » du Bouddha Śākyamuni, dont les noms reviennent fréquemment dans les sūtras (*N.d.T.*).

Bodhisattva. Le nom d'un Bodhisattva est lui aussi vide du nom d'un Bodhisattva. Pourquoi ? Parce que telle est leur nature. C'est ainsi : ce n'est pas qu'une forme soit vide du fait de la vacuité ; la vacuité n'est pas distincte de la forme. La forme elle-même est le vide, tout comme le vide est aussi la forme. » En outre, dans le *Sūtra de l'Accumulation des trésors (Ratnakūṭa),* le *Chapitre de Kāśyapa* dit : « Les phénomènes ne sont pas vides à cause de la vacuité. Les phénomènes eux-mêmes sont vides. » Il s'ensuit que tous les phénomènes sont dépourvus d'existence inhérente ; ils n'ont pas de fondement propre.

Question : Si un homme réel et un homme rêvé, une forme et son reflet, un objet réel et une image, sont semblables en ce qu'on ne les trouve pas quand on les analyse, ne faudrait-il pas en conclure qu'il n'y a aucune différence entre eux ? Il n'y aurait pas de distinction dans leur degré de vérité, d'irréalité et tout ce qui s'ensuit. À quoi servirait alors de chercher à comprendre la notion de vacuité ? L'adepte et la notion elle-même n'auraient aucune existence.

Réponse : On touche ici à un point difficile. Le risque est grand, sur cette question subtile, de voir les intelligences qui manquent de maturité sombrer dans une conception nihiliste. Pour éviter cette dérive, certains érudits versés dans le domaine de la logique, le fondateur du Svātantrika-Mādhyamika, Bhāvaviveka et ses fils spirituels (Jñānagarbha, Śāntarakṣita, Kamalaśīla, etc.), se servaient du raisonnement pour réfuter l'existence des phénomènes du point de vue de leur propre nature particulière et sans qu'ils soient démontrés par leur apparence pour une conscience saine. Ils affirmaient cependant l'existence naturelle ou inhérente dans la réalité conventionnelle. Pour ceux dont l'esprit n'était pas à même de saisir cette forme d'absence de réalité, les maîtres cittamātrins, comme Vasubandhu et les autres, utilisaient la logique pour réfuter les objets extérieurs tout en affirmant l'existence véritable de l'esprit. Pour ceux qui ne pouvaient accueillir un enseignement sur le non-Soi des phénomènes, les tenants de l'existence véritable des objets extérieurs — les vaibhāṣikas et les sautrāntikas — affirmaient, au lieu de la vacuité, une simple impersonnalité, c'est-à-dire la non-existence de la personne comme entité essentielle ou autosuffisante. Les non-bouddhistes, pour leur part, ne peuvent pas même admettre cette simple impersonnalité, et c'est de cette attitude qu'ils tirent la nécessité d'affirmer l'existence d'une personne permanente, élémentaire et indépendante.

Question : En affirmant que les phénomènes n'existent pas pour la raison que l'analyse ne permet pas de les trouver, on va à l'encontre de tout ce que démontre l'expérience, de tout ce qui est généralement reconnu dans le monde. Notre propre expérience affirme l'existence de ces phénomènes qu'englobent des termes comme « environnement » et « êtres ». Notre propre expérience affirme également que l'on en retire du tort ou du bien, du plaisir ou de la douleur. Que signifie alors qu'on ne puisse trouver des objets comme soi et les autres, l'environnement et les êtres, quand on cherche ces diverses catégories de phénomènes existants ?

Réponse : Le *Sūtra des Vingt-Cinq Mille Stances sur la perfection de la sagesse* dit : « C'est ainsi : ce "Bodhisattva" n'est qu'un nom ; cette "perfection de la sagesse" n'est qu'un nom ; ces "formes", "sentiments", "discriminations", "facteurs d'agencement" et "consciences" ne sont que des noms. C'est ainsi : les formes sont comme des illusions. Les sentiments, les discriminations, les facteurs d'agencement, les consciences sont comme des illusions. Les illusions aussi ne sont que des noms ; elles ne se trouvent en aucun lieu ; elles ne se trouvent en aucune direction… Pourquoi ? C'est ainsi : les noms sont fabriqués et attribués aux phénomènes individuels ; ils sont désignés fortuitement. Ce ne sont que des désignations. Quand un Bodhisattva, un grand être, pratique la perfection de la sagesse, il ne regarde pas les noms comme réels et, comme il ne les regarde pas comme réels, il n'y adhère pas. En outre, ô Śāriputra, quand un Bodhisattva, un grand être, pratique la perfection de la sagesse, il raisonne ainsi : ce "Bodhisattva" n'est qu'un nom ; cette "illumination" n'est qu'un nom ; cette "perfection de la sagesse" n'est qu'un nom ; ces 'formes" ne sont que des noms ; ces "sentiments", "discriminations", "facteurs d'agencement" et "consciences" ne sont que des noms. C'est ainsi, Śāriputra : on peut désigner le "moi", mais le "moi" est impossible à appréhender. » Nombre de sūtras et de traités disent des phénomènes qu'ils ne sont tous que des noms. Quand on cherche les objets qu'ils désignent, ils ne sont pas là, de quelque manière objective que ce soit. C'est le signe que tous les phénomènes n'existent pas objectivement et que leur existence n'est établie que par des désignations et des pensées subjectives. C'est cette seule façon d'exister qui leur tient lieu d'existence.

Expliquons ce point un peu plus en détail. Pour qu'une chose existe conventionnellement, elle doit satisfaire à trois critères :

1. L'objet doit être généralement bien connu d'une conscience conventionnelle. Pourtant, si le simple fait d'être bien connu suffisait à établir l'existence conventionnelle d'un objet, alors même le « fils d'une femme stérile », qu'on évoque fréquemment, existerait. Aussi, pour qu'un objet existe conventionnellement,
2. Il ne doit pas pouvoir être contredit par un critère de connaissance conventionnelle juste. Pourtant, comme ce critère ne permet pas de réfuter l'existence inhérente (qui, sinon, aurait une existence conventionnelle en vertu des deux seuls critères précédents),

3. Il ne faut pas non plus qu'un raisonnement qui l'analyse puisse le réfuter.

Donc, la mesure ou la signification de ce qui est nié, c'est une entité qui existerait objectivement et non pas simplement par la force des désignations subjectives ; c'est ce dont les phénomènes sont vides quand on parle de « vacuité ». C'est aussi ce qu'on appelle « Soi » ou l'« objet nié par le raisonnement ». Puisqu'on ne peut en aucune façon savoir valablement que cela existe, une conscience qui adhère à son existence est appelée « conscience ignorante ». D'une manière générale, il y a de nombreuses sortes d'ignorance ordinaire ; mais ce dont il est question ici, c'est l'ignorance qui est la racine du cycle des existences, le contraire de la sagesse qui connaît le non-Soi. Nāgārjuna dit dans ses *Soixante-Dix Stances sur la Vacuité* :

> La pensée que les phénomènes produits
> Par des causes et des conditions sont réels
> A été appelée ignorance par le Maître ;
> Par elle adviennent les douze branches[1].

La simple non-existence du Soi qui est l'objet de la négation, c'est-à-dire la simple non-existence d'une existence inhérente telle que la conçoivent les consciences ignorantes, est appelée non-Soi, non-vérité et vacuité. Telle est la nature profonde ou le mode d'existence définitif de tous les phénomènes. Aussi l'appelle-t-on une vérité ultime. C'est cette vérité que connaît ce que l'on appelle une « conscience qui appréhende une vacuité ».

---

1. L'ignorance, l'action, la conscience, le nom et la forme, les six sources, le contact, la sensation, l'attachement, l'avidité, l'existence, la naissance, et la vieillesse et la mort.

Question : Puisque les vacuités sont des vérités ultimes, est-ce que les vacuités elles-mêmes existent ?

Réponse : Une vacuité est la manière d'être, ou le mode d'existence, du phénomène ainsi qualifié. Si donc le phénomène caractérisé par une vacuité n'existe pas, il n'y a pas non plus de vacuité du phénomène. La nature vide d'un phénomène est démontrée en relation à ce phénomène qui est caractérisé par sa nature vide, et un phénomène caractérisé par une nature vide est démontré en relation à sa nature vide. De même qu'on ne trouve pas un phénomène caractérisé par une nature vide lorsqu'on le soumet à l'analyse, on ne trouve pas non plus la nature vide de ce phénomène lorsqu'on l'analyse à son tour. Donc, quand on sonde un objet désigné comme une « nature », on ne parvient pas à découvrir cette nature vide : elle existe simplement par la force d'une désignation subjective opérée sans analyse, c'est-à-dire qu'elle n'a pas d'existence inhérente. Le chapitre XIII du *Texte fondamental appelé « Sagesse »* (XIII, 7-8) de Nāgārjuna nous apprend :

> S'il existait quelque chose de non vide, alors
> Quelque chose de vide existerait aussi ;
> Si le non-vide n'existe pas
> Du tout, comment le vide le pourrait-il ?
>
> Les Conquérants disaient que la vacuité
> Efface toutes les vues [mauvaises] ;
> Ceux qui regardaient la vacuité [comme existant en soi]
> Étaient déclarés incurables.

Et, dans sa *Louange du Transcendantal (Lokātītastava)*, Nāgārjuna ajoute :

> Puisque l'ambroisie de la vacuité est enseignée
> Pour détourner les hommes de toute fausse conception,

Celui qui y adhère [comme existence inhérente]
Est durement réprouvé par toi [le Bouddha].

Ainsi, quand on analyse un arbre, par exemple, on ne trouve pas l'arbre, mais on trouve son mode d'existence, autrement dit sa vacuité. Quand on analyse ensuite cette vacuité, on ne la trouve pas non plus, mais on trouve la vacuité de cette vacuité. Donc, l'arbre est une vérité conventionnelle et son mode d'existence est une vérité ultime. En outre, quand cette vérité ultime devient elle-même une base d'analyse et quand son mode d'existence est énoncé, alors cette vérité ultime devient la base de qualification de ce qui est son mode d'existence. Ainsi, il est même possible d'expliquer que dans ces circonstances une vacuité puisse être considérée comme une vérité conventionnelle.

Bien qu'il n'y ait pas de différence essentielle entre les vacuités, on dit qu'elles se divisent en vingt, dix-huit, seize ou quatre catégories selon les objets qu'elles qualifient. On peut, en résumé, les répartir toutes dans ces deux grands groupes : le non-Soi des personnes et le non-Soi des autres phénomènes.

Question : Comment une vacuité apparaît-elle à l'esprit qui la reconnaît ?

Réponse : Si l'on se fait une conception erronée d'une vacuité, pour l'assimiler à un rien, ce n'est pas la reconnaissance d'une vacuité. Ou encore, même si l'on a bien compris qu'une vacuité est simplement une absence d'existence inhérente, quand cette vacuité apparaît à l'esprit, on peut par la suite perdre de vue sa compréhension originale. La vacuité devient alors un simple rien où le sens original d'une négation de toute existence inhérente a complètement disparu. Ce n'est donc pas non plus la reconnaissance d'une vacuité. En outre, même dans le cas où l'on a bien reconnu le sens d'une vacuité, si la pensée « Ceci est une vacuité » apparaît, c'est qu'on appréhende l'existence d'une vacuité, qui est une chose positive. Alors cette conscience devient un critère de connaissance conventionnelle juste et cesse d'être la reconnaissance d'une vacuité. Le *Sūtra condensé sur la Perfection de la sagesse (Sañcayagāthā-prajñāpāramitā)* dit : « Si même un Bodhisattva comprend : "Ces agrégats sont vides", c'est qu'il agit sur le témoignage de conventions et n'a pas foi dans l'état de non-production. »

Par ailleurs, « une vacuité » est une négation (une absence) qui doit être déterminée par la simple élimination de l'objet de négation, c'est-à-dire l'existence inhérente. Il y a deux types de négations : les négations affirmatives, qui supposent un quelconque autre phénomène positif à la place de l'objet de la négation, et les négations non affirmatives, qui ne supposent aucun autre phénomène positif à la place de l'objet de la négation. Une vacuité relève de la seconde catégorie. C'est ainsi qu'une conscience qui appréhende une vacuité reconnaît nécessairement la simple négation ou absence de l'objet de négation. Ce qui apparaît à l'esprit est une claire vacuité accompagnée de la simple pensée : « Ces choses concrètes telles qu'elles apparaissent en ce moment à nos esprits n'existent pas du tout. » La simple absence d'existence inhérente ou la simple non-vérité qui est l'objet de référence de cette conscience est une vacuité. Alors, et alors seulement, l'esprit reconnaît la vacuité. L'*Introduction aux Actes du Bodhisattva* (IX, 34-35)[1] de Śāntideva dit :

> Lorsque avec la pensée « ceci n'existe pas », la chose analysée
> N'est pas appréhendée [comme existant en soi],
> Comment pourrait-il subsister devant l'esprit une non-chose [existant en soi] dépourvue

1. Les ajouts entre crochets proviennent du commentaire de Gyeltsap (rGyal-tshab), 127a.2 à 127a.5.

De tout support [c'est-à-dire une vacuité existant en soi sans l'objet qu'elle caractérise] ?

Lorsque les choses [existant en elles-mêmes]
Et les non-choses ne subsistent plus devant l'esprit,
Puisqu'il ne reste rien d'autre [qui existe en soi],
Alors, avec la non-existence de ces objets [de la conception
D'une existence inhérente], les élaborations
[De la dualité et de l'existence inhérente] disparaissent.

Si une vacuité n'était pas une négation non affirmative, mais bien une négation affirmative supposant un autre phénomène, ou même un phénomène positif, la conscience qui l'appréhende risquerait de concevoir une existence inhérente ou de se laisser prendre aux apparences des vérités conventionnelles. Donc, il resterait la possibilité de concevoir une existence inhérente et, dans ce cas, la sagesse qui appréhende la vacuité ne serait pas l'antidote à toute conception d'une existence en soi et serait incapable de supprimer les obstacles à l'illumination. C'est avec cette pensée en tête que Śāntideva dit dans son *Introduction aux Actes du Bodhisattva* (IX, 110-111)[1] :

[Question]

Quand l'analyseur analysant [si les phénomènes existent en eux-mêmes]
Analyse [et détermine qu'ils sont vides de toute existence inhérente]
Puisque l'analyseur doit lui aussi être analysé,
N'y aurait-il alors pas de fin ?

1. Les ajouts entre crochets proviennent du commentaire de Gyeltsap, 145a.1 à 145b.2.

[Réponse]

Si les objets de l'analyse [tous les phénomènes en général]
Ont été analysés et reconnus comme dépourvus d'existence en eux-mêmes,
Alors [pour l'esprit qui analyse] il n'existe plus de bases [qui existent en elles-mêmes et appellent d'autres analyses],
Puisque les bases [qui sont les phénomènes caractérisés par la vacuité] n'existent pas en elles-mêmes,
Il n'y a pas de production d'[un objet de négation, à savoir] une existence inhérente et sa négation.
C'est aussi ce qu'on appelle le nirvāṇa [naturel][1].

Ainsi, en voyant une base — soi-même, l'autre et tout ce qui s'ensuit —, nous déterminons ce que signifie pour elle d'être fondamentalement ou naturellement en paix, libérée de toute existence inhérente. Si nous nous familiarisons avec cela, les objets que nous considérons — soi-même, l'autre, etc. — apparaissent irréels comme une illusion ou un rêve qui, bien que dépourvus d'existence inhérente, paraissent en avoir une.

Question : Quel est le résultat ou le bénéfice de cette reconnaissance d'une vacuité ?

Réponse : Le *Texte fondamental appelé « Sagesse »* (XXIV, 18) de Nāgārjuna dit :

Ce qui se manifeste dans la dépendance
Nous l'expliquons par la vacuité.

---

1. Selon Gyel-tsap : cette absence d'existence inhérente est ce qu'on appelle le nirvāṇa naturel de tous les phénomènes. Ou, autre sens possible de la ligne, toujours selon Gyel-tsap : par la méditation sur la signification de l'existence non inhérente, il est dit qu'on atteint le nirvāṇa.

C’est une imputation réciproque ;
Telle est exactement la Voie du Milieu.

Ainsi nous comprenons que la signification d’une manifestation dépendante est l’absence naturelle d’existence inhérente, tout comme nous comprenons que la signification de l’absence naturelle d’existence inhérente est la manifestation dépendante. Alors nous découvrons que la vacuité et la manifestation dépendante ne vont pas l’une sans l’autre. Grâce à cette découverte, les critères de la connaissance conventionnelle juste permettent de choisir entre ce qui doit être adopté et ce qui doit être rejeté dans le contexte d’une simple existence nominale. Les consciences perverties par le désir, la haine, etc., engendrées par la force de notre adhésion à une existence objective, c’est-à-dire non nominale, deviennent graduellement plus faibles et peuvent en définitive être abandonnées.

Ceci mérite quelques explications. Si nous parvenons véritablement à la contemplation de la vacuité, nous pouvons reconnaître dans nos perceptions que les objets qui apparaissent en ce moment à nos consciences (visuelle, auditive et ainsi de suite) semblent tous avoir une existence inhérente. Nous pouvons alors savoir avec certitude comment la conception d’une existence inhérente est engendrée et comment — lorsque l’attention s’attarde avec insistance sur ces objets — elle adhère à leur apparence et affirme leur vérité. Nous découvrirons ensuite que, quelles que soient les afflictions qui surviennent, comme le désir, la haine, etc., c’est la conception d’une existence inhérente qui agit comme leur cause fondamentale. Qui plus est, nous verrons clairement que cette conception d’une existence inhérente est une conscience pervertie qui se trompe sur son objet de référence. Nous saurons sans aucun doute possible que le mode de perception de cette conscience n’a aucun fondement valable. Nous saurons aussi qu’à l’opposé une conscience qui perçoit un non-Soi est une conscience saine et que son mode de perception s'appuie sur une cognition valable.

C'est pourquoi le glorieux Dharmakīrti dit dans son *Commentaire sur l'« Abrégé sur les critères de la connaissance juste »* (de Dignāga) *(Pramāṇavārttika,* chapitre I)[1] :

> Un esprit qui détermine et un esprit qui superpose le faux
> Sont des entités d'éradication et de ce qui est éradiqué.

Et (chapitre I) :

> Tous [les défauts, comme les désirs,] ont leur antidote [la sagesse de la vacuité]
> En ce que leur décroissance et leur croissance dépendent [de la croissance et de la décroissance de cette sagesse].
> Ainsi, par la familiarité, l'esprit assimile la nature
> De cette sagesse — pour que les contaminations s'éteignent avec le temps.

La conception de l'existence inhérente et la conscience qui possède un mode d'appréhension opposé sont respectivement le mal qui est éradiqué et le moyen d'éradication. Aussi est-il naturel que, si l'une devient plus forte, l'autre s'affaiblit. La *Louange de l'Élément de qualités supérieures (Dharmadhātustotra)* de Nāgārjuna dit :

> Quand un ornement de métal, qui a été souillé par les
> Contaminations et doit être nettoyé par le feu,
> Est mis dans les flammes, ses souillures
> Sont brûlées, mais lui ne l'est pas.

1. Les ajouts entre crochets dans la deuxième citation proviennent du commentaire de Kay-drup (mKhas-grub), 134b.3-4.

Ainsi, pour l'esprit de pure lumière,
Souillé par le désir et le reste,
Ses souillures sont brûlées par le feu de la sagesse
Mais sa nature, la lumière pure, ne l'est pas.

Et la *Sublime Science (Uttaratantra)*[1] du conquérant Maitreya ajoute :

Parce que les corps d'un Bouddha parfait sont émanés [pour les êtres sensibles], parce que la réalité
N'est pas différenciée [puisqu'elle est la nature ultime des Bouddhas comme des êtres sensibles],
Et parce que [les êtres sensibles] ont les dispositions [naturelles et évolutives
Pour se développer en un Corps de vérité et un Corps formel],
Tous les êtres incarnés ont la nature du Bouddha.

Ainsi, non seulement la nature ultime de l'esprit n'est pas polluée par les contaminations, mais sa nature conventionnelle, c'est-à-dire sa simple compréhension claire, n'est pas non plus souillée par les contaminations. L'esprit peut donc devenir meilleur ou pire, et il est apte à se transformer. Toutefois, si aveuglément que l'on cultive les mauvaises consciences qui servent de support à la conception de l'existence inhérente, elles ne peuvent croître sans limites. À l'inverse, les bonnes consciences, qui se fondent sur la cognition juste, peuvent être cultivées à l'infini. C'est pourquoi l'on peut affirmer qu'il est toujours possible de purifier l'esprit de ses souillures. La nature ultime d'un esprit qui s'est débarrassé de ses souillures de façon à ce qu'elles ne soient plus jamais engendrées est la libération. On sait ainsi avec certitude que la libération est accessible car, tout comme les contaminations des afflictions peuvent

1. Les ajouts entre crochets proviennent du commentaire de Gyeltsap, 73b.5 à 74a.2.

être éliminées, on peut aussi éradiquer leurs prédispositions. De là vient la certitude que la nature ultime de l'esprit, dépouillé de toutes les contaminations des afflictions et de leurs prédispositions, peut être atteinte. C'est ce que l'on appelle un nirvāṇa non fixé ou un Corps de vérité. Ainsi est-il établi que la libération et la connaissance universelle existent.

Dans son *Texte fondamental appelé « Sagesse »* (I, *Invocation*), Nāgārjuna dit :

> Je m'incline devant le Bouddha parfait,
> Le meilleur des maîtres, qui enseignait
> Que ce qui se manifeste dans la dépendance
> N'a ni cessation, ni production,
> Ni anéantissement, ni permanence, ni arrivée,
> Ni départ, ni différence, ni unité,
> Est libre des élaborations [de l'existence
> inhérente et de la dualité] et est en paix.

Ainsi, Bouddha, le Bienheureux, éclairé par sa propre compréhension, a enseigné cette manifestation dépendante pour montrer que les phénomènes, parce qu'ils se manifestent dans la dépendance, sont de la nature du vide, libres des huit extrêmes de la cessation, de la production, et ainsi de suite. Et si l'on considère Bouddha comme un maître digne de foi, qui a enseigné sans erreur la félicité absolue (c'est-à-dire la libération et la connaissance universelle) ainsi que les moyens d'y accéder, on conclura que le Bienheureux ne s'est pas trompé non plus dans son enseignement sur les conditions élevées (les plaisirs des migrations heureuses vers les vies des hommes et des dieux), ainsi que les moyens d'y parvenir. Dans son *Commentaire sur l'« Abrégé sur les critères de la connaissance juste »* (de Dignāga) (chapitre I)[1], le glorieux Dharmakīrti dit :

---

1. Les ajouts entre crochets proviennent du commentaire de Kaydrup, 135b.6-7.

Puisque [tous ont pu conclure que la parole de Bouddha] ne se trompait pas sur le sens principal [les quatre vérités],
On peut en conclure [pareillement que la parole de Bouddha ne s'est pas trompée non plus] sur d'autres sujets [extrêmement obscurs].

Et dans les *Quatre Cents* (chapitre XII)[1], Āryadeva dit aussi :

Quiconque a nourri des doutes sur ce qui n'est pas évident dans la parole de Bouddha
Croira que seul Bouddha [est omniscient]
Au vu de [ses profonds enseignements] sur la vacuité.

En résumé, c'est en apprenant à connaître les écritures qui rapportent l'enseignement du Conquérant, ainsi que leurs commentaires, qui tous visent à la réalisation des conditions élevées et de la félicité absolue, que l'on accède à la foi. Ainsi, guidés par une connaissance juste, nous nourrirons dans notre cœur la foi et le respect pour l'initiateur de ces écritures, le bienheureux Bouddha, et ses disciples, les grands maîtres indiens. Nous pourrons aussi nourrir une même foi et un même respect solide et immuable envers les guides spirituels qui nous enseignent aujourd'hui les voies et envers la Communauté spirituelle qui nous accompagne sur les sentiers que le Fondateur lui-même a suivis. Le maître Candrakīrti dit dans ses *Soixante-Dix Stances sur les Trois Refuges (Triśaraṇasaptati)*[2] :

Le Bouddha, sa Doctrine et la Communauté suprême
Sont les refuges de ceux qui aspirent à la libération.

---

1. Les ajouts entre crochets proviennent du commentaire de Gyeltsap, 90b.3 à 91a.3.
2. Page 279b.4, volume khi de sNar-thang bsTan-'gyur de la bibliothèque des Œuvres et Archives tibétaines, Dharamsala.

Nous accéderons facilement à la certitude que les Trois Joyaux sont le seul soutien pour ceux qui aspirent à la libération. Ceux que la souffrance taraude chercheront refuge auprès des Trois Excellences et développeront une ferme et indestructible attitude d'aspiration à la libération, qu'ils appelleront en pensée de tous leurs vœux. Pareillement, pour avoir compris par notre propre expérience que la souffrance est la condition de tous les autres êtres sensibles, nous formerons le souhait de les aider à accéder eux aussi à la libération, c'est-à-dire à l'émancipation de la souffrance et à la connaissance universelle. Pour y parvenir, mus par une aspiration puissante et continue, nous ferons vœu nous-mêmes d'atteindre l'illumination, et la faculté d'y accéder naîtra en nous.

Si notre motivation est celle d'un hīnayāniste, œuvrant uniquement pour notre propre libération du cycle des existences, notre cheminement doit être le suivant. Tout d'abord nous établissons comme notre base la pratique de tous les préceptes moraux qui s'appliquent aux laïcs ou aux moines, selon les cas. Ensuite, en nous reposant sur ce fondement, lorsque nous sommes sur la voie de l'accumulation des mérites, nous nous familiarisons encore et toujours avec le sens à la fois subtil et profond de la conception de la vacuité, telle qu'elle a été exposée précédemment à travers l'écoute des maîtres et la réflexion. De cette manière, notre conscience conceptuelle évolue graduellement vers la sagesse qui naît de la méditation et qui est l'union de la quiétude durable de l'esprit et de la compréhension spéciale qui contemple la vacuité. On parcourt ainsi la voie de la préparation. Ensuite, progressivement, on atteint le stade de la vision, une véritable voie, un joyau de la Doctrine, qui amène à la perception directe de la vacuité. Dans ce contexte, ces voies sont des états de conscience conduisant au nirvāṇa et, grâce à la voie de la vision qui agit comme un antidote, nous commençons à accéder aux véritables cessations de la souffrance. Ces véritables cessations sont le stade où l'on a abandonné à jamais aussi bien les véritables sources de la souffrance, comme la conception par l'intellect d'une existence inhérente, que les véritables souffrances, comme la renaissance dans de mauvaises migrations. Dans les deux cas, le processus est celui d'une épuration progressive. Par la voie de la méditation, qui est une familiarisation plus approfondie avec la vérité, c'est-à-dire la vacuité déjà entrevue, nous atteignons, étape par étape, les véritables cessations, qui sont les stades d'abandon total et définitif des afflictions innées, en commençant à nouveau par les plus grossières. Finalement, quand nous atteignons la libération, qui est le stade où les plus subtiles des plus petites afflictions ont été abandonnées ainsi que leurs semences, nous voici arrivés au terme de notre progression sur notre propre voie en tant que hīnayāniste. Nous avons ainsi réalisé le stade de l'accomplissement du savoir, qui est celui auquel accède dans le Hīnayāna un Destructeur de l'ennemi (ou *arhan*, le principal ennemi étant la conception d'une existence inhérente).

Lorsque notre motivation est d'atteindre l'illumination suprême pour le salut de tous les êtres sensibles, les sagesses qui naissent de l'écoute des maîtres, de la réflexion et de la méditation dirigées vers le sens de la vacuité s'accompagnent de la pratique des perfections (la charité, la morale, la patience, l'effort, la concentration et la sagesse), qui dérivent de cette motivation du Mahāyāna. La compréhension se fait de plus en plus profonde et, lorsque l'on appréhende directement la vacuité, on accède simultanément à la voie de la vision et à la sagesse du premier stade du Mahāyāna. La première des accumulations de mérite et de sagesse, qui nécessite un incommensurable éon (commencé sur la voie de l'accumulation), est alors achevée. Comme on l'a vu précédemment, nous commençons ensuite à réaliser les véritables cessations qui sont les phases d'abandon total et définitif des conceptions intellectuelles d'une existence inhérente et tout ce qui s'ensuit. Alors, durant les sept étapes impures de la progression du Bodhisattva, l'accumulation de mérites et de sagesse se poursuit pendant un autre éon incommensurable. Puis, dans les trois étapes pures, commence l'abandon progressif des obstacles à la cognition simultanée de tous les objets de connaissance. Ces obstacles sont les prédispositions créées par la conception d'une existence inhérente et les habitudes subtilement pernicieuses qui en découlent. Quand la troisième accumulation est achevée, au bout d'un autre éon incommensurable, on atteint un Corps de vérité, une véritable cessation, qui est l'état d'abandon total et définitif de toutes les sortes de souillures. Les trois Corps de vérité, de jouissance absolue et d'émanation se manifestent simultanément, et le stade de la bouddhéité, qui est la perfection de la sagesse, de l'amour et de la puissance, est ainsi réalisé.

En outre, si nous avons bien exercé notre continuum mental au moyen de :

1. la ferme volonté de quitter le cycle des existences,
2. l'aspiration altruiste à l'illumination suprême,
3. la vision correcte de la vacuité,

et si nous avons, en plus, la chance d'avoir suffisamment accumulé les mérites et la sagesse, nous sommes aptes à nous engager sur la voie tantrique. Si, grâce au mantra secret, nous progressons sur l'une des voies des trois tantras inférieurs, nous accéderons plus vite à l'illumination que si nous suivons seulement les voies des sūtras. L'illumination est hâtée par la puissance de techniques particulières pour réaliser un Corps formel et par les effets rapides du Yoga d'union de la quiétude de l'esprit et de la compréhension spéciale. Par ailleurs, sur la voie du quatrième et suprême tantra, nous apprenons, en plus des autres techniques, à différencier les courants d'énergie brute, subtile et extrêmement subtile, et les consciences. La conscience mentale extrêmement subtile est elle-même engendrée dans l'entité d'une voie qui, si on la cultive, confère une puissance extrême à la conscience qui appréhende la vacuité. Ainsi, la particularité du tantra suprême est d'accélérer remarquablement l'abandon des obstacles.

Quelques mots à présent sur la manière d'intérioriser la notion de la vacuité. La méditation sur la notion de vacuité se pratique pour venir à bout des obstructions : pour cela, une accumulation de mérites considérable est nécessaire. À cet égard, le rite des sept branches est un procédé très précieux qui recouvre un domaine fort large. Les sept branches sont la prostration, le don, la révélation de nos propres fautes, l'admiration de nos vertus et de celles des autres, l'imploration de l'enseignement des Bouddhas, la supplication des Bouddhas pour qu'ils restent dans le monde et l'offrande de ces mérites à tous les êtres sensibles. Pour l'accumulation des mérites, il nous est loisible de suivre nos propres inclinations et de diriger notre esprit vers les Trois Excellences en général ou vers un quelconque objet de refuge en particulier que nous visualisons devant nous. (Voir à ce propos *La Précieuse Guirlande,* stances 466-485.)

Après avoir sollicité l'aide des refuges pour engendrer la compréhension de la vacuité dans notre continuum, on procède de la manière suivante pour la séance de méditation proprement dite. On considère qu'il est plus facile de commencer par méditer sur le non-Soi de la personne, car le sujet est constamment présent. En conséquence, il faut bien considérer comment le méditant apparaît dans notre esprit à la pensée : « Maintenant je médite sur la notion de vacuité. » Nous devons aussi déterminer comment le « Moi » apparaît à l'esprit quand le « Moi » éprouve du plaisir ou de la peine. Nous devons enfin considérer notre mode d'adhésion au « Moi ». À partir de là, on analyse la façon dont le « Moi » existe, ainsi que cela a été expliqué précédemment. Graduellement, notre compréhension de la vacuité et notre manière de la ressentir deviennent plus profondes et, à ce stade, quand nous nous engageons dans le processus d'analyse, il nous vient la pensée que le mode de manifestation indépendant du « Moi » tel qu'il apparaissait précédemment n'existe absolument pas. Alors, il convient de concentrer un moment notre esprit en un seul point sur cette claire vacuité qui est la simple négation de l'objet et de stabiliser ensuite la méditation sans analyse. Si, dans notre esprit, le mode d'appréhension de cette claire vacuité de la négation se relâche légèrement et si cette vacuité devient un simple rien, il nous faut revenir à la méditation analytique sur le « Moi » comme avant. Cette alternance soutenue de méditation analytique et de stabilisation contribue à transformer l'esprit.

Si, grâce à l'analyse du « Moi », nous développons un peu de compréhension de la vacuité, nous devons alors analyser les agrégats mentaux et physiques dont dépend la conception du « Moi ». Il est très important de bien analyser, d'une manière générale, les agrégats des formes, des sentiments, des discriminations, des facteurs d'agencement et des consciences, et en particulier l'agrégat des consciences. Par ailleurs, le mode d'existence, même conventionnel, de l'esprit est généralement difficile à reconnaître. Lorsque l'on a réussi à identifier la nature conventionnelle de l'esprit — simple instrument de connaissance claire —, on en arrive graduellement, par l'analyse, à reconnaître sa nature ultime. Si l'on y parvient, on accomplit un grand progrès auquel rien ne peut se comparer.

Le mieux pour commencer est de pratiquer la méditation par périodes d'une demi-heure. Au terme d'une séance, quand divers objets bons ou mauvais nous apparaissent, nous en éprouvons du bien ou du mal. Il convient alors de développer autant que possible la compréhension que ces phénomènes n'ont pas d'existence objective et qu'ils sont de simples apparences, qui se manifestent dans la dépendance d'autres facteurs, comme des illusions qui ont simplement l'air d'exister par elles-mêmes.

Il faudrait ainsi pratiquer la méditation quatre fois par jour, à l'aube, dans la matinée, dans l'après-midi et dans la soirée, à moins d'avoir la possibilité de se livrer à six ou huit séances, voire davantage, espacées à intervalle régulier tout au long de la journée et de la nuit. Si ce n'est pas possible, il faudrait au moins s'en tenir à deux séances, le matin et le soir. À mesure que notre compréhension et notre expérience de la contemplation de la vacuité se renforceront, celle-ci surgira spontanément dans toutes nos activités, au cours d'une promenade ou encore dans notre sommeil. Mais, comme il ne peut y avoir de compréhension spéciale de la vacuité sans une quiétude durable de l'esprit orientée vers cette contemplation, il est absolument nécessaire de rechercher cette quiétude mentale. Pour ce faire, il serait bon de consulter d'autres ouvrages pour apprendre les méthodes permettant d'y accéder.

Si nous ne voulons pas d'une simple connaissance intellectuelle de la notion de vacuité, mais si nous voulons au contraire en faire nous-mêmes l'expérience dans notre propre continuum, il importe d'établir une base solide grâce à tout ce qui a été expliqué dans les pages qui précèdent. Ensuite, selon nos aptitudes mentales, nous nous tournerons vers les sūtras et les traités qui enseignent la notion de vacuité, de même que les explications qu'en donnent les lettrés tibétains dans leurs commentaires. Parallèlement, nous apprendrons à progresser nous-mêmes dans l'expérience de la vacuité, guidés par les préceptes d'un maître sage et expérimenté.

Par la grâce des vertus qui naissent de mes efforts
Puissent tous les êtres sensibles qui aspirent au bonheur, moi-même et les autres,
Atteindre l'œil qui voit la réalité, libérée des extrêmes,
Et s'avancer vers la terre de l'illumination.

Ce texte a été écrit dans l'espoir d'aider ceux dont l'esprit bourgeonne en Orient comme en Occident, et particulièrement ceux qui aspirent à connaître le sens profond et subtil de la vacuité ou du non-Soi mais n'ont pas l'opportunité d'étudier les grands livres du Mādhyamika ou ne peuvent lire et comprendre les traités écrits en langue tibétaine. Il a donc été rédigé dans la recherche d'une compréhension aisée afin que sa traduction dans d'autres langues ne pose pas de difficultés. Puisse cet écrit du moine bouddhiste Tenzin Gyatso apporter une vertueuse félicité.

III
Le chant des Quatre Attentions qui font tomber la pluie des réalisations

Instructions pour la méditation sur la contemplation de la vacuité

KAYSANG GYATSO
Le septième Dalaï-Lama

Avec des commentaires de
TENZIN GYATSO
Le quatorzième Dalaï-Lama

Édité et traduit en anglais par Jeffrey Hopkins et Lati Rimpoche
Traduit en français par Emmanuel Scavée

Introduction

Le troisième ouvrage de ce volume est un court poème qui contient l'essentiel des sūtras et des tantras :

1. L'admiration pour celui qui enseigne la voie de l'illumination.
2. La ferme volonté de quitter le cycle des existences et le souhait consécutif d'accéder à l'illumination suprême pour venir en aide à tous les êtres sensibles.
3. L'accumulation simultanée et rapide de mérites et de sagesse par la visualisation de soi comme une divinité que qualifie la vacuité.
4. La réalisation de la vacuité jointe à son implication au monde des apparences.

Pour faciliter la mémorisation et ensuite l'application à la méditation de ces enseignements concis — que Tsong-ka-pa reçut à l'origine de Mañjuśrī —, le septième Dalaï-Lama (1708-1757) les a versifiés. La traduction se fonde sur les transmissions orales et les explications du texte données par Sa Sainteté Tenzin Gyatso, le quatorzième Dalaï-Lama, en mai et août 1972, à Dharamsala en Inde. Ces explications, qui ont été enregistrées, traduites et éditées, constituent le commentaire en prose qui accompagne les vers.

Jeffrey Hopkins

Instructions pour la méditation sur la contemplation de la vacuité Le chant des Quatre Attentions qui font tomber la pluie des réalisations

D'abord, on observe la souffrance du cycle des existences, on cherche un refuge et on pratique le Yoga du guru, en visualisant les sources de refuge et en les implorant de demeurer dans le monde pour enseigner la doctrine ; c'est l'attention du guru. Ensuite, on observe la souffrance des autres êtres sensibles dans le cycle des existences et, parce qu'ils nous sont chers, on développe un amour et une compassion qui donnent naissance à un esprit d'éveil altruiste — le souhait d'accéder à la bouddhéité pour le salut des autres —, qui est la deuxième attention. Il s'ensuit que le guru cosmique entre en nous, transforme notre propre corps, notre parole et notre esprit en ceux d'une divinité. C'est la troisième attention. Alors, la séance de méditation proprement dite se concentre sur la notion de vacuité, la quatrième attention, où l'on cultive une union de quiétude durable de l'esprit et de compréhension spéciale en conjonction avec les tantras.

Kaysang Gyatso a présenté ces quatre phases en cinq stances pour en faciliter la mémorisation et donc la mise en pratique. La première stance concerne le soutien que représente un guide spirituel.

1. L'attention du guru

Sur le siège de l'union immuable de la méthode et de la sagesse

Est assis le bon guru qui est l'entité de tous les refuges;
Là est le Bouddha qui possède l'abandon parfait et la sagesse.
Renonçant à toute pensée de défaut, implore-le avec une pure perception,
Sans laisser errer ton esprit, tourne-le vers l'admiration et le respect,
Sans relâcher ton attention, maintiens-le dans l'admiration et le respect.

Parce qu'il possède à la fois la méthode et la sagesse — la compassion et la réalisation de la vacuité —, il est dit du guru qu'il se tient sur le siège de l'union immuable de la méthode et de la sagesse. Au sens où l'entend le tantra du Yoga suprême, le siège est notre propre cœur et se compose de gouttes rouges et blanches. Il demeure indestructible et donc immuable jusqu'à l'illumination, et sur ce siège est assis notre bon guru. Le fait de considérer le guru comme présent dans notre cœur nous amène à concevoir notre propre corps, notre parole et notre esprit comme impossibles à différencier de ceux du guru.

Il est le guru, notre divinité personnelle, celui qui nous mène au ciel, le Bouddha et le Bodhisattva — l'essence de toute source de refuge. Les grands maîtres du passé, comme Nāgārjuna, ont certes fait œuvre utile en écrivant des textes aussi admirables, mais ils ne sont plus aujourd'hui que des objets de notre mémoire et, même s'il nous arrive de penser: « Quel bonheur ce serait de rencontrer Nāgārjuna », nous ne le pouvons pas. À ce stade de notre développement spirituel, nous sommes comme des malades incapables de se déplacer même avec une canne. Nous sommes comme de très jeunes enfants ou de très vieilles personnes, incapables de nous soutenir nous-mêmes et puisque, dans cette situation difficile, le guru est notre soutien, il est considéré comme l'essence de toute source de refuge.

On devrait toujours considérer que le bon guru réside dans notre cœur. Ainsi le Bouddha qui a dépassé tous les obstacles et atteint la réalisation complète ne doit pas être cherché à l'extérieur : il se confond avec le centre de notre cœur. C'est le guru ultime, la sagesse innée qui connaît le mode d'existence de tous les phénomènes.

Puisque le guru est un Bouddha pleinement qualifié, on doit renoncer à la conception qu'il puisse avoir des défauts, comme des activités ordinaires. Dans l'attention et dans la conscience, on se forme à l'admiration et au respect.

2. L'attention de l'aspiration altruiste à l'illumination suprême

Dans la prison de souffrance du cycle infini des existences
S'égarent les six catégories d'êtres sensibles[1] *privés de bonheur ;*
Là sont les pères et mères qui t'ont protégé avec bonté.
Renonçant au désir et à la haine, cultive l'amour et la compassion,
Sans laisser errer ton esprit, tourne-le vers la compassion,
Sans relâcher ton attention, maintiens-le dans la compassion.

Les êtres sensibles aspirent au bonheur, mais ils en sont privés ; ils ne veulent pas souffrir, mais ils sont constamment en proie à la souffrance. Le lieu où errent sans fin les six catégories d'êtres est le cycle des existences, dont les contours illimités sont des prisons créées par le pouvoir des actions impures et des afflictions. Ces êtres souffrants ne sont pas sans relation avec nous ; au contraire, parce qu'ils ont étendu en permanence leur bonté sur le continuum de nos vies, nous avons une responsabilité envers eux.

Ces personnes, égarées dans le cycle des existences, ne doivent pas être séparées en groupes selon qu'elles suscitent en nous du désir ou de la haine. Toutes ont besoin d'aide. Renonçant au désir et à la haine, il nous

1. Dieux, demi-dieux, humains, animaux, esprits affamés et habitants des enfers.

faut les chérir plus que nous-mêmes et nourrir constamment le souhait compatissant qu'elles soient finalement libérées de la souffrance et des causes de la souffrance.

La description de la condition misérable du cycle des existences suppose que la ferme intention de quitter cet état de souffrance est nécessaire, mais cette seconde attention tend à engendrer de la compassion pour les autres, puisque c'est la racine de l'esprit altruiste d'éveil. Si l'on ne parvient pas à développer ce bon état d'esprit, on se prive du fondement même du Mahāyāna.

Comment peut-on soulager les êtres sensibles de la souffrance et des causes de la souffrance ? On peut leur être d'un grand secours simplement en accédant à la bouddhéité et en œuvrant ensuite pour leur bien ; aussi doit-on faire tout ce qui est possible pour parvenir à la bouddhéité.

3. L'attention portée sur son corps en tant que corps divin

Lorsque cette attitude altruiste, le vœu d'accéder à la bouddhéité pour le salut des autres, est d'une telle force que le moindre retard, ne serait-ce que d'une heure, dans l'accomplissement du bien-être des autres est intolérable, on regarde la situation actuelle improductive comme la perte d'un temps précieux. Quelle est la méthode pour accéder rapidement à la bouddhéité ? L'initiation aux mantras et particulièrement à la sagesse de la béatitude non duelle et de la vacuité permettent de parvenir à la bouddhéité dans la durée d'une seule vie. Par cette pratique, un esprit subtil qui appréhende la vacuité est engendré comme une entité divine et, pour développer cette stabilisation méditative de la béatitude et de la vacuité, la base de la béatitude — notre propre corps — doit être visualisée comme un corps divin. Cela suppose le renoncement à l'apparence et à la conception de l'ordinaire.

Dans la maison divine de la grande béatitude, plaisante à percevoir,
Réside le corps divin qui est ton propre corps fait de purs agrégats et des constituants[1]*,*
Là est la divinité aux trois Corps[2] *inséparables.*
Sans plus te concevoir comme ordinaire, cultive l'orgueil divin et l'apparence resplendissante,
Sans laisser errer ton esprit, tourne-le vers le profond et le manifeste[3]*,*
Sans relâcher ton attention, maintiens-le dans le profond et le manifeste.

Tout ce qui apparaît est reconnu comme vide ; tout ce qui est vide est ressenti comme une béatitude et tout ce qui est béatitude apparaît comme l'attribut d'une divinité. Quand on réalise ceci, les objets des six sens contribuent à engendrer la béatitude et sont donc « plaisants à percevoir ».

Tout apparaît dans une pureté infinie. Quand un environnement apparaît, il est l'attribut de la félicité, et quand un être apparaît, cette personne est aussi l'attribut de la béatitude. Nos propres agrégats mentaux et physiques et nos constituants brillent comme les attributs d'une divinité. Le corps divin ne doit donc pas être appréhendé extérieurement, mais il est notre propre corps contemplé comme une entité divine.

Dès lors que nous nous exerçons avec conviction à nous représenter comme notre propre divinité personnelle et que nous cultivons ainsi l'apparence resplendissante et l'orgueil divin jusqu'à leur donner consistance, les trois Corps du Bouddha — le Corps de vérité, le Corps de jouissance et le Corps d'émana-

---

1. La terre ou la solidité, l'eau ou la cohésion, le feu ou la chaleur, le vent ou les courants, l'espace ou les passages et la conscience.
2. Le Corps de vérité ou conscience de la sagesse, le Corps de jouissance ou parole spontanée et le Corps formel ou corps physique.
3. La vacuité profonde et l'apparence manifeste.

tion — sont présents. Quand on pratique par exemple la phase de génération dans le tantra du Yoga suprême, les trois Corps se manifestent graduellement et, puisque l'on se confond avec la divinité, la pensée d'orgueil apparaît : « Je suis la divinité. » Du fait de cet orgueil divin, nous ne nous concevons plus comme ordinaires et nous nourrissons, dans une apparence limpide, un sentiment de divinité tout en maintenant notre esprit dans le profond — la contemplation de la vacuité — et dans le manifeste — la contemplation du corps divin.

4. L'attention de la contemplation de la vacuité

Comme ce poème est principalement consacré à des instructions sur la contemplation de la vacuité, il comporte deux stances sur cette notion. L'une sur la manière d'entretenir l'équilibre méditatif comparable à l'espace et l'autre sur la manière d'entretenir la réalisation comparable à l'illusion qui s'ensuit.

Partout dans le cercle des objets de connaissance qui apparaissent et se produisent
Se répand l'espace de lumière claire, la nature des phénomènes, l'ultime ;
Là est l'inexprimable mode d'existence des objets.
Renonçant aux fabrications mentales[1]*, contemple l'entité de la vacuité immaculée,*
Sans laisser errer ton esprit, tourne-le vers la nature des phénomènes,
Sans relâcher ton attention, maintiens-le dans la nature des phénomènes.

À la croisée de la variété des apparences et des six consciences

---

1. Les fabrications mentales qui remplacent l'existence inhérente par un autre objet nié par la vacuité.

On voit la confusion des phénomènes de dualité sans fondement,
Là est le spectacle illusoire d'un magicien.
Sans penser qu'ils sont réels, contemple leur entité de vacuité,
Sans laisser errer ton esprit, tourne-le vers l'apparence et la vacuité,
Sans relâcher ton attention, maintiens-le dans l'apparence et la vacuité.

Tous les phénomènes, vides d'un principe interne propre, se trouvent dans la sphère de la vacuité d'existence inhérente. C'est pourquoi, bien que le cercle des objets de connaissance qui apparaissent et se produisent soit infini et sans limite, ils se ressemblent tous dans la sphère de la nature des phénomènes ; il n'est pas un seul objet qui ne soit imprégné de cette nature vide.

De même que le cercle des objets de connaissance occupe l'espace, de même la claire lumière objective, la vérité ultime, se répand dans tous les objets de connaissance : elle est leur mode d'existence. Ce n'est pas une fabrication récente ou une création de l'esprit ; chaque phénomène, depuis le tout début, est par nature vide d'existence inhérente. Cela ne peut être exprimé par des mots ou ressenti par des êtres ordinaires de la manière dont les maîtres le perçoivent ; c'est inexprimable, au-delà des paroles et des pensées.

Il n'y a pas lieu de chercher ailleurs le mode d'existence des objets : il est ici, avec ces objets. Comme le dit Āryadeva dans les *Quatre Cents* (*Catuḥśataka*) : « Tout ceci est vide d'existence inhérente » (on notera l'emploi du terme de proximité « ceci »). Puisque la vérité ultime se révèle comme la nature de toutes les apparences si on les analyse, leur mode d'existence est ici.

Mais si les écritures affirment que tous les phénomènes n'existent que par convention, il convient d'abord d'analyser si les phénomènes semblent ou non n'avoir qu'une existence conventionnelle. La réponse est évidemment non : ils paraissent exister objectivement. Mais s'ils avaient vraiment cette existence concrète qu'ils semblent posséder, on devrait pouvoir les trouver quand on les cherche par l'analyse. Pourtant, quand on se forme au mode d'analyse enseigné par Nāgārjuna dans son *Traité fondamental sur la Voie du Milieu* (*Mūlamadhyamakaśāstra*), on en arrive progressivement à la conclusion que, bien que les phénomènes paraissent s'imposer d'eux-mêmes, ils n'existent pas du tout par eux-mêmes. Ainsi se développe une certitude profonde et intense qui élimine simplement l'existence inhérente au sens où aucune existence objective ne peut être affirmée face à cette certitude. Quand on appréhende cette simple vacuité qui est la négation de l'existence inhérente, il convient de fixer dessus son esprit, focalisé en un seul point : c'est ainsi que l'on soutient l'équilibre méditatif comparable à l'espace.

Ensuite, quand on relâche ce mode de contemplation de la vacuité, les objets caractérisés par cette nature vide semblent pouvoir être désignés : « Ceci est ainsi et ainsi. » Ces diverses apparences — purs Bouddhas, êtres sensibles impurs, habitations, habitants, terre, eau, feu, vent — resplendissent comme les objets des six sens — la vue, l'ouïe, l'odorat, le goût, le toucher et les consciences mentales. Cependant, quand on analyse si ces diverses apparences ont en elles-mêmes une entité, on ne peut la trouver. Toutes ces choses qu'on voit, qu'on entend, qu'on sent, qu'on goûte et qu'on touche sont sans fondement, sans nature interne propre, instables, dépourvues de toute capacité d'existence indépendante. Et pourtant, bien qu'elles soient sans fondement, elles semblent faussement posséder leur propre mode d'existence. Les esprits aveuglés qui acceptent l'existence de ces objets tels qu'ils apparaissent s'y laissent tromper, comme les gens qui croient à la réalité des tours d'un illusionniste.

Auparavant, dans l'équilibre méditatif, l'existence non inhérente était devenue limpide pour l'esprit mais, à présent, dans la phase suivante, les phénomènes semblent existier par eux-mêmes alors que ce n'est pas le cas. La réalisation comparable à l'illusion qui suit l'équilibre méditatif se compose donc de l'apparence d'existence inhérente des objets inscrite dans la connaissance de leur vacuité.

Il faut, encore et encore, contempler la nature vide des objets et ensuite, sans se départir de cette certitude, réaliser l'union de l'apparence et de la vacuité. C'est dans ce contexte que l'on peut le mieux se convaincre de la manifestation dépendante. On accroît ainsi sa compréhension que tous les phénomènes sont simplement désignés par des mots et des pensées, et la certitude qu'ils n'existent pas par eux-mêmes prend plus de force. En outre, la conviction que tout ce qui apparaît est l'attribut de la vacuité n'en a que plus de puissance quand elle fait suite à l'équilibre méditatif.

Ainsi, grâce aux deux réalisations qui se confortent mutuellement, on progresse sur les quatre niveaux de la voie de la préparation : chaleur, hauteur, patience et qualités transcendantales. Avec l'ouverture et l'intensification de la nature manifeste des phénomènes, la compréhension devient encore plus profonde et l'on réalise directement la vérité.

Ces instructions sur la contemplation de la vacuité pour celui qui pratique les quatre attentions transmises par le saint Mañjughoṣa à Tsong-ka-pa, maître de la Doctrine, ont été composées par le moine bouddhiste Losang Kaysang Gyatso (bLo-bzang-bskal-bzang-rgya-mtsho) pour conforter ses prédispositions et celles des autres à la juste vision.

IV
La Précieuse Guirlande des avis au roi

(Rājaparikathā-ratnamālā)

NĀGĀRJUNA

Avec déférence envers les traducteurs du sanskrit en tibétain
En hommage à tous les Bouddhas et Bodhisattvas
Traduit en anglais par Jeffrey Hopkins
et Lati Rimpoche
Traduit en français par Emmanuel Scavée

Remerciements

Jeffrey Hopkins et Lati Rimpoche expriment leur reconnaissance envers M. Gerald Yorke pour ses nombreuses suggestions qui ont amélioré la qualité du texte en anglais.

Introduction

Nāgārjuna était un pandit indien originaire de Vidarbha, dans le sud de l'Inde, qui vécut environ quatre cents ans après la mort de Bouddha. À cette époque, l'enseignement du Mahāyāna avait décliné et Nāgārjuna entreprit de lui rendre vigueur en fondant l'école de pensée Mādhyamika. Dans sa *Précieuse Guirlande*, il se fonde sur les *Sūtras de la Perfection de la sagesse* (*Prajñāpāramitā*) pour clarifier l'enseignement du Bouddha sur la vacuité. Il expose les dix étapes de la progression du Bodhisattva qui conduit à la bouddhéité en s'inspirant du *Sūtra sur les Dix Stades* (*Daśabhūmika*). Il s'appuie enfin sur le *Sūtra présenté par Akṣayamati* (*Akṣayamatinirdeśa*) pour détailler les accumulations des mérites et de sagesse par un Bodhisattva. *La Précieuse Guirlande* était destinée à l'origine au roi indien Śātavāhana. C'est pourquoi Nāgārjuna y inclut des recommandations spécifiques sur l'administration d'un royaume. (La partie qui traite de l'indésirabilité du corps fait référence au corps féminin, simplement parce que le roi était un homme. Comme le dit Nāgārjuna, le conseil doit être pris comme s'il s'appliquait aussi bien aux hommes qu'aux femmes.) Parmi les œuvres du maître, *La Précieuse Guirlande* est réputée pour la description complète qu'elle donne à la fois de la profonde vacuité et des actes de compassion d'un Bodhisattva.

La traduction est fondée sur une transmission orale et une explication du texte données par Sa Sainteté Tenzin Gyatso, le quatorzième Dalaï-Lama, à Dharamsala, en Inde, en mai 1972. Le texte a été traduit en anglais conformément au commentaire du disciple de Tsong-ka-pa, Gyel-tsap (rGyal-tshab), dont le guide a été inclus à la suite de l'œuvre pour en faciliter la lecture. Jeffrey Hopkins a ensuite retraduit oralement son texte anglais en tibétain pour le faire vérifier et corriger par Lati Rimpoche, avant de le retravailler avec Anne Klein pour en améliorer la forme en anglais.

Conditions élevées et félicité absolue

1 Je m'incline devant l'Omniscient,
Libéré de toute souillure,
Orné de toutes les vertus,
Unique ami de tous les êtres.

2 Ô roi, j'expliquerai les seules pratiques vertueuses
Pour engendrer en toi la Doctrine,
Car les pratiques formeront un vaisseau
Pour l'excellente Doctrine.

3 Chez celui qui connaît d'abord les conditions élevées,
La félicité absolue survient ensuite,
Car après avoir atteint les conditions élevées,
On accède graduellement à la félicité absolue.

4 Les conditions élevées sont considérées comme le bonheur,
La félicité absolue comme la libération,
La quintessence de leurs moyens
Se résume à la foi et à la sagesse.

5 Par la foi on se repose sur la pratique,
Par la sagesse on connaît la vérité,
De ces deux vertus, la sagesse est la plus éminente,
La foi est sa condition préalable.

6 Çelui qui ne néglige pas la pratique,
À cause du désir, de la haine, de la peur

Ou de l'ignorance, est réputé être un fidèle,
Un vaisseau supérieur pour la félicité absolue.

7 Après avoir profondément analysé
Tous les actes du corps, de la parole et de l'esprit,
Celui qui comprend ce qui profite vraiment à soi et
Aux autres, et qui continue à pratiquer, celui-là est sage.

8 Ne pas tuer, ne plus voler,
Se détourner des femmes des autres,
S'abstenir de toute parole fausse,
Source de discorde, rude et insensée,

9 Fuir la convoitise, les intentions blessantes
Et les vues des nihilistes –
Telles sont les dix voies d'action blanches,
Leurs opposées sont noires.

10 Ne pas boire d'alcool, gagner honnêtement sa vie,
Ne pas causer de tort, donner charitablement,
Honorer l'honorable et aimer –
Telle est en bref la pratique.

11 La pratique ne signifie pas
La mortification du corps,
Car on ne cesse pas ainsi de blesser les autres
Et on ne les aide pas.

12 Celui qui ne reconnaît pas la grande voie de l'excellente
Doctrine où brillent la morale, le don et la patience,
Et qui afflige son corps, celui-là suit de mauvais chemins
Comme des pistes dans la jungle;

13 Son corps tout empêtré d'afflictions perverses,
Il s'enfonce pour longtemps
Dans la jungle redoutable du cycle des existences
Parmi les arbres des êtres sans fin.

14 Le meurtre n'apporte qu'une vie brève,
La souffrance vient par le mal que l'on fait,
Par le vol, peu de ressources,
Par l'adultère, des ennemis.

15 Du mensonge naît la calomnie,
De la discorde, la séparation des amis,
De la rudesse, les paroles déplaisantes,
Du discours insensé, le mépris.

16 La convoitise détruit les espérances,
Les intentions mauvaises engendrent l'effroi,
Les conceptions fausses conduisent aux vues mauvaises
Et la boisson, à la confusion de l'esprit.

17 Par l'avarice vient la pauvreté,
Par la vie malhonnête, la duperie,
Par l'arrogance, une mauvaise descendance,
Par la jalousie, peu de beauté.

18 Un teint mauvais est engendré par la colère,
La stupidité vient de ne pas questionner
Les sages. Le principal fruit[1] de tout ceci
Est une mauvaise migration pour les humains.

19 À l'inverse des fruits
Bien connus de ces non-vertus,
Il y a les effets
Causés par toutes les vertus.

20 Le désir, la haine, l'ignorance et
Les actions qu'ils engendrent sont les non-vertus.

L'absence de désir, de haine, d'ignorance
Et les actions qui en découlent sont les vertus.

21 Des non-vertus viennent toutes les souffrances
Et de même toutes les mauvaises migrations,
Des vertus viennent toutes les migrations
heureuses
Et les plaisirs de toutes les naissances.

22 Renoncer à toutes les non-vertus
Et cultiver toujours les vertus
Avec le corps, la parole et l'esprit — telles sont
Les trois formes de la pratique.

23 Grâce à ces pratiques, on ne risque pas de
devenir
Un habitant des enfers, un esprit affamé ou un
animal ;
En renaissant comme un humain ou comme un
dieu on réalise
Le bonheur, la fortune et la puissance.

24 Grâce aux concentrations, aux incommensurables
et aux informels,
On connaît la béatitude de Brahmā et tout ce
qui s'ensuit.
Telles sont en résumé les pratiques
Qui mènent aux statuts élevés et à leurs fruits.

25 Les doctrines de la félicité absolue sont,
Disent les Conquérants, profondes,
Subtiles et effrayantes pour
Les enfants qui n'ont pas appris.

26 « Je ne suis pas, je ne serai pas.
Je n'ai pas, je n'aurai pas »,
Cela effraie tous les enfants
Et dissipe la crainte chez les sages.

27 Il est dit, par celui qui ne parle
Que pour aider les êtres, que tous
Proviennent de la conception du « Moi »
Et sont enveloppés dans la conception du
« mien »

28 « Le “Moi” existe, le “mien” existe. »
Comme réalités ultimes, ils sont faux,
Car tous deux ne sont pas établis
Par une conscience vraie et juste.

29 Les agrégats mentaux et physiques naissent
De la conception du « Moi » qui en fait[2] est
fausse.
Comment ce qui a germé d'une fausse semence
Pourrait-il être vrai ?

30 Ayant ainsi vu que les agrégats ne sont pas vrais,
On abandonne la conception du « Moi »
Et du fait de cet abandon
Les agrégats ne surviennent plus.

31 Tout comme il est dit
Que le reflet que l'on voit de son visage
Dépend d'un miroir
Mais en fait n'existe pas [en tant que visage],

32 Ainsi, la conception du « Moi » existe,
Dépendante des agrégats,
Mais à l'image du reflet,
Le « Moi » n'existe pas en réalité.

33 Tout comme, sans le miroir,
On ne voit pas le reflet de son visage,
De même aussi, le « Moi » n'existe pas
Sans les agrégats.

34 Quand le maître Ānanda parvint
à appréhender le sens de ceci,

Il y gagna l'œil de la Doctrine et ne cessa
De l'enseigner aux moines[3].

35 La mauvaise conception d'un « Moi » demeure
Tant que l'on conçoit mal les agrégats,
Et quand cette conception d'un « Moi » existe,
L'action est là, qui se traduit par la naissance.

36 Dans l'enchaînement mutuel de ces trois chemins
Sans commencement, ni milieu, ni fin,
La roue des existences cycliques
Tourne comme la « roue » d'un brandon [qu'on fait tournoyer].

37 Parce que dans le passé, le présent ou l'avenir, cette roue
Ne provient ni de soi, ni d'ailleurs, ni des deux à la fois,
La conception d'un « Moi » cesse
Et avec elle l'action et la renaissance.

38 Ainsi, celui qui voit comment la cause et l'effet
Sont produits et détruits
Ne regarde pas le monde
Comme réellement existant ou non existant.

39 C'est pourquoi celui qui a entendu sans savoir l'écouter
La Doctrine qui détruit toute souffrance
Craint ce qui n'est pas à craindre
Et tremble dans son ignorance.

40 Toi [un hīnayāniste] qui ne t'effraies de savoir
Que toutes ces choses n'existent pas dans le nirvāṇa,
Pourquoi leur non-existence
Expliquée ici te cause-t-elle de l'effroi ?

41 « Dans la libération il n'y a ni Soi ni agrégats. »
Si la libération est ainsi affirmée,
Pourquoi refuses-tu, ici, la suppression
Du Soi et des agrégats ?

42 Si le nirvāṇa n'est pas une non-réalité,
Comment pourrait-il avoir une réalité ?
C'est l'extinction de la mauvaise conception des réalités
Et des non-réalités qui est appelée nirvāṇa.

43 La vision du nihilisme est, en résumé,
Que les actions ne portent aucun fruit ;
Sans mérite et menant à un état inférieur,
Elle est regardée comme la vision fausse.

44 La vision de l'existence est, en résumé,
Que les actions portent des fruits ;
Méritoire et menant aux heureuses migrations,
Elle est regardée comme la vision juste.

45 Puisque l'être et le non-être sont détruits par la sagesse,
Il y a un passage au-delà du mérite et du péché,
C'est, dit l'Excellent Maître, la libération
Des migrations, tant mauvaises qu'heureuses.

46 Celui qui voit les causes de la production[4]
Dépasse la non-existence,
Celui qui voit les causes de la cessation
N'affirme plus l'existence.

47 Produites préalablement et simultanément[5],
[Les causes] sont des non-causes ; aussi n'y a-t-il en fait pas de causes,
Car on ne connaît pas de production [qui existe en soi]
Dans la réalité conventionnelle ou ultime.

48 Quand ceci est, cela survient,
Comme le petit quand le grand est.
Quand ceci est produit, cela l'est aussi,
Comme la lumière avec la flamme.

49 Quand le grand est, le petit doit être aussi,
Ils n'existent pas par leur propre nature,
Tout comme sans la flamme
La lumière n'est pas[6].

50 Ainsi, pour avoir vu que les effets dérivent
Des causes, on affirme ce qui apparaît
Dans les conventions du monde
Et l'on refuse le nihilisme.

51 Celui qui réfute [l'existence inhérente de la cause
Et de l'effet] ne développe pas [la notion de] l'existence
Et affirme comme vrai ce qui ne naît pas des conventions ;
Aussi est-on libéré en ne s'appuyant pas sur la dualité.

52 Une forme aperçue dans le lointain
Est clairement vue par ceux qui sont tout près.
Si un mirage était de l'eau, pourquoi
Ceux qui sont près ne voient-ils pas de l'eau ?

53 La manière dont ce monde semble
Réel pour ceux qui le regardent de loin
N'est pas celle dont le voient ceux qui sont près,
Aux yeux desquels il est aussi insignifiant qu'un mirage.

54 De même qu'un mirage est comme de l'eau,
Mais n'est pas de l'eau et en fait n'existe pas [en tant qu'eau],
De même, les agrégats sont comme des Soi,
mais ne sont

Pas des Soi et en fait n'existent pas [en tant que Soi].

55 Après avoir pensé qu'un mirage
Est de l'eau et être allé ensuite jusque-là,
Il serait stupide de présumer :
« Cette eau n'existe pas. »

56 Le monde est comme un mirage,
Celui qui conçoit qu'il existe ou qu'il n'existe pas
Est ignorant. Quand il y a ignorance,
Il n'y a pas de libération.

57 L'adepte de la non-existence endure de mauvaises migrations,
Mais des migrations heureuses échoient à ceux qui suivent la voie de l'existence ;
Celui qui sait ce qui est juste et vrai ne se repose pas
Sur le dualisme, et peut ainsi être libéré.

58 Si par sa connaissance de ce qui est juste et vrai
Il n'affirme pas l'existence et la non-existence,
[Tu penses] pour cela qu'il croit en la non-existence ;
Pourquoi ne serait-il pas plutôt un adepte de l'existence ?

59 Si parce qu'il réfute l'existence [inhérente]
La non-existence lui échoit,
Pourquoi, lorsqu'il réfute la non-existence,
L'existence ne lui échoirait-elle pas ?

60 Ceux qui se fondent sur l'illumination
N'ont ni thèses, ni attitudes,
Ni pensées nihilistes ; comment pourrait-on
Les croire nihilistes ?

61 Demande aux matérialistes, les sāṃkhyas,
Les disciples du Hibou[7] et les nirgranthas,

Les partisans de la personne et des agrégats,
S'ils exposent ce qui va au-delà de l'être et du non-être.

62 Sache ainsi que l'ambroisie
De l'enseignement des Bouddhas est une profonde
Et rare Doctrine qui va loin au-delà
De l'existence et de la non-existence.

63 Comment, en définitive, l'existence du monde
Pourrait-elle être d'une nature qui va au-delà du passé,
Du présent et de l'avenir, sans partir dans la destruction,
Sans venir et sans demeurer même un instant ?

64 Puisqu'il n'y a en réalité
Ni venue, ni départ, ni permanence,
Quelle différence ultime y a-t-il
Entre le monde et le nirvāṇa ?

65 S'il n'y a pas de permanence, il ne peut y avoir
Ni production, ni cessation.
Alors comment la production, la permanence
Et la cessation pourraient-elles exister en définitive[8] ?

66 Comment les choses peuvent-elles n'être pas momentanées
Si elles changent toujours ?
Et si elles ne changent pas,
Comment peuvent-elles en fait être altérées ?

67 Deviennent-elles momentanées
À cause d'une désintégration partielle ou complète ?
Dès lors qu'une inégalité[9] n'est pas appréhendée,
Cette momentanéité ne peut être admise.

68 Quand une chose cesse d'exister du fait de sa momentanéité,
Comment quelque chose pourrait-il être vieux ?
Quand une chose n'est pas momentanée du fait de sa constance,
Comment quelque chose pourrait-il être vieux ?

69 Puisqu'un moment a une fin, il faut qu'il ait
Un début et un milieu.
Cette triple nature d'un moment signifie
Que le monde ne demeure jamais un instant.

70 De même, le début, le milieu et la fin
Doivent être analysés comme un moment ;
Dès lors le début, le milieu et la fin
Ne sont pas [produits] par eux-mêmes ou par autre chose.

71 L'« un » n'existe pas puisqu'il a de multiples parts,
Il n'y a rien qui ne soit sans parties ;
En outre, sans l'« un », le « multiple » n'existe pas
Et sans existence, il n'y a pas de non-existence.

72 Si par la destruction ou par l'effet d'un antidote
Ce qui existe cesse d'exister,
Comment pourrait-il y avoir destruction ou
Antidote sans ce qui existe ?

73 En définitive le monde ne peut disparaître
à cause du nirvāṇa.
Quand on lui demanda s'il avait une fin,
Le Conquérant demeura silencieux.

74 Parce qu'il n'enseigna pas cette profonde Doctrine
Aux êtres de ce monde qui ne pouvaient la recevoir,
Celui qui sait tout est reconnu
Comme omniscient par le sage.

75 Aussi les Bouddhas parfaits, prophètes du réel,
Enseignèrent-ils la félicité absolue
Comme une Doctrine profonde,
Insaisissable et sans fondement[10].

76 Effrayés par cette Doctrine sans fondement,
Avides d'avoir une base qui n'aille pas
Au-delà de l'existence et de la non-existence,
Les êtres sans intelligence se ruinent eux-mêmes.

77 Apeurés par ce refuge qu'ils ne devraient pas craindre,
Ruinés, ils ruinent les autres.
Ô roi, fais en sorte
Que ceux qui sont ruinés ne te ruinent pas.

78 Ô roi, de crainte qu'on ne te ruine,
J'expliquerai par les écritures
Le mode du transcendantal,
La réalité qui ne repose pas sur le dualisme.

79 Cette profondeur qui libère
Et qui est au-delà du péché et de la vertu
N'a pas été goûtée par ceux qui craignent l'absence de base,
Les autres, les passeurs de gué[11], ni encore par nous-mêmes.

80 Une personne n'est ni terre, ni eau,
Ni feu, ni vent, ni espace,
Ni conscience, ni tout cela ;
Qu'est-ce d'autre alors qu'une personne ?

81 De même que la personne n'est pas une entité ultime
Mais un composé de six constituants,
De même, chacun d'eux est à son tour
Un composé et non une entité ultime.

82 Les agrégats ne sont pas le Soi, ils ne sont pas dans le Soi,
Le Soi n'est pas en eux, et sans eux il n'est pas,
Il n'est pas mêlé aux agrégats comme le feu et le combustible[12],
Dès lors, comment le Soi pourrait-il exister ?

83 Les trois éléments[13] ne sont pas la terre et ils ne sont pas dans la terre,
La terre n'est pas en eux, et sans eux elle n'est pas ;
Puisque ceci s'applique à chaque chose,
Toutes sont fausses comme le Soi.

84 La terre, l'eau, le feu et le vent
N'existent pas par eux-mêmes ;
Quand trois sont absents, il ne peut y avoir le quatrième,
Quand l'un est absent, les trois autres le sont aussi.

85 Si lorsque trois sont absents le quatrième n'existe pas
Et si lorsque l'un est absent les trois autres n'existent pas,
Alors chacun en soi n'existe pas ;
Comment pourraient-ils produire un composé ?

86 Par ailleurs si chacun existe en soi,
Pourquoi n'y a-t-il pas de feu sans combustible ?
Et de même, pourquoi n'y a-t-il pas d'eau, de vent ou de terre
Sans mouvement, solidité ou cohésion ?

87 Si [on répond que] le feu est bien connu [pour ne pas exister
Sans combustible, mais que les trois autres éléments existent
Indépendamment], comment ces trois-là pourraient-ils exister en eux-mêmes

Sans les autres ? Il leur est impossible
De se manifester sans la dépendance.

88 Comment des éléments qui existent par eux-mêmes
Peuvent-ils être mutuellement dépendants ?
Comment des éléments qui n'existent pas par eux-mêmes
Peuvent-ils être mutuellement dépendants ?

89 S'ils n'existent pas individuellement,
Mais si là où est l'un les trois autres sont aussi,
Alors, non mêlés, ils ne sont nulle part
Et, mêlés, ils cessent d'être des éléments individuels.

90 Les éléments n'existent pas individuellement.
Comment alors leurs propres caractéristiques individuelles pourraient-elles exister ?
Ce qui n'existe pas individuellement ne peut prédominer[14] ;
Leurs caractéristiques sont regardées comme des conventions.

91 Ce mode de réfutation doit aussi être appliqué
Aux couleurs, aux odeurs, aux goûts et aux objets du toucher,
À l'œil, à la conscience et à la forme,
À l'ignorance, à l'action et à la naissance.

92 À l'agent, à l'objet, au suppléant et au nombre,
À la possession, à la cause, à l'effet et au temps,
Au court et au long et ainsi de suite,
Au nom et au porteur du nom aussi.

93 À la terre, à l'eau, au feu et au vent,
Au grand et au petit, au subtil et au grossier,
Aux vertus et à toutes ces choses dont le Maître a dit

Qu'elles cessent dans la conscience [de la réalité].

94 Les sphères de la terre, de l'eau, du feu
Et du vent n'apparaissent pas à cette
Conscience indémontrable,
Seigneur absolu de l'illimité.

95 Ici, le grand et le petit, le subtil et le grossier,
Les vertus et les non-vertus,
Ici, les noms et les formes,
Tout cesse d'être.

96 Ce qui n'était pas connu est révélé
À la conscience comme [la réalité de] tout
Ce qui apparaissait avant. Ainsi ces phénomènes
Cessent alors d'être dans la conscience.

97 Tous les phénomènes relatifs aux êtres
Sont perçus comme le combustible du feu de la
conscience,
Ils sont consumés
Par la lumière du véritable discernement.

98 La réalité éclaire alors
Ce que l'ignorance supposait auparavant ;
Quand un être n'est pas trouvé,
Comment pourrait-il y avoir un non-être ?

99 Puisque les phénomènes formels ne sont
Que des noms, l'espace aussi n'est qu'un nom ;
Sans les éléments, comment les formes
pourraient-elles exister ?
Ainsi même le « nom seul » n'existe pas.

100 Les sentiments, les discriminations, les facteurs
d'agencement
Et les consciences doivent être considérés
Comme les éléments et le Soi ; c'est pourquoi
Les six constituants[15] sont dépourvus de Soi.

Une explication entrelacée de la félicité absolue et des conditions élevées

101 Tout comme il n'y a rien quand
Un bananier, avec toutes ses parties,
Est mis en pièces, il en va de même quand une personne
Est divisée en ses [six] constituants[16].

102 C'est pourquoi les Conquérants disent :
« Tous les phénomènes sont dépourvus de Soi. »
Puisqu'il en est ainsi, tu dois accepter
Les six constituants comme dépourvus de Soi.

103 Ainsi ni le Soi ni le non-Soi
Ne sont compris comme réels,
C'est pourquoi le Grand Maître
Rejetait les notions de Soi et de non-Soi.

104 Les vues, les sons et tout le reste
N'étaient déclarés ni vrais ni faux par le Maître ;
Si, d'une position, son opposé survient,
Tous deux en fait n'existent pas[17].

105 Car en définitive ce monde
Est au-delà de la vérité et de la fausseté,
C'est pourquoi il n'affirme pas
Qu'il est réellement ou qu'il n'est pas.

106 [Sachant que] ce monde n'existe de toute façon pas,
Comment l'Omniscient pouvait-il dire

Qu'il est limité ou sans limites,
Ou l'un et l'autre à la fois ou ni l'un ni l'autre ?

107 « D'innombrables Bouddhas sont venus,
viendront et sont
Ici en ce moment ; il y a des dizaines de millions
d'êtres
Sensibles, mais les Bouddhas résideront
Dans le passé, le présent et l'avenir ;

108 L'extinction du monde dans les trois temps
L'empêche de croître[18],
Alors pourquoi l'Omniscient reste-t-il silencieux
Au sujet des limites du monde ? »

109 Ce qui est secret pour un être ordinaire,
C'est la Doctrine profonde,
La nature illusoire du monde,
L'ambroisie de l'enseignement du Bouddha.

110 De même que l'on perçoit la production
Et la désintégration d'un éléphant illusoire,
Mais que la production et la désintégration
N'existent pas réellement,

111 De même, on conçoit la production
Et la désintégration du monde illusoire,
Mais la production et la désintégration
N'existent pas en définitive.

112 De même qu'un éléphant illusoire,
Qui n'est qu'un errement de la conscience,
N'apparaît, ni ne part,
Ni ne demeure vraiment,

113 De même ce monde d'illusion,
Un errement de la conscience,
N'apparaît, ni ne part,
Ni ne demeure vraiment.

114 Il est donc d'une nature au-delà du temps ;
Quel est en fait ce monde
Qui serait ou ne serait pas
Sinon une convention ?

115 C'est pourquoi le Bouddha
Resta toujours silencieux
Sur cette quadruple forme : avec ou sans limites,
L'un et l'autre à la fois ou ni l'un ni l'autre[19].

116 Quand le corps, qui est impur
Et grossier, un objet des sens,
Ne demeure pas [impur] pour l'esprit,
Alors qu'il est tout le temps en vue,

117 Comment cette Doctrine
Si subtile, profonde,
Dépourvue de base et non manifeste,
Pourrait-elle apparaître facilement à l'esprit ?

118 Conscient que cette Doctrine
Est trop profonde et trop dure pour être comprise,
Le Bouddha, le Maître,
Renonça à l'enseigner.

119 Mal comprise, cette Doctrine
Ruine les insensés[20],
Qui sombrent dans la fange
Des vues nihilistes.

120 En outre, les sots qui se croient sages[21],
Dont la nature est ruinée par le rejet [de la vacuité],
Tombent, tête la première,
Dans l'enfer effrayant de leur fausse compréhension.

121 De même qu'on va à la ruine
En mangeant mal et qu'on gagne

Une longue vie sans maladies
Avec force et plaisir en mangeant bien,

122 De même, on va à la ruine
En comprenant mal, mais on gagne
La béatitude et l'illumination complète
En comprenant bien.

123 Aussi, tournant le dos aux vues nihilistes
Et au refus de la vacuité,
Efforce-toi de comprendre correctement
Pour atteindre tous tes objectifs.

124 Si la Doctrine n'est pas vraiment comprise,
La conception d'un « Moi » prévaut ;
De là viennent les actions vertueuses et non vertueuses
Qui entraînent les bonnes et les mauvaises renaissances.

125 Aussi longtemps que tu ne connais pas la Doctrine qui détruit
La fausse conception d'un « Moi »,
Veille toujours à pratiquer
La charité, la morale et la patience.

126 Un roi qui, dans ses actes, respecte
Les pratiques premières,
Intermédiaires et ultimes
N'a rien à redouter ici ou dans l'avenir.

127 Ici, grâce aux pratiques viennent le renom et le bonheur,
Il n'y a de peur ni maintenant ni au moment de la mort,
Et, dans la vie prochaine, le bonheur s'épanouit.
Aussi, observe toujours les pratiques.

128 Les pratiques sont la meilleure politique,

C’est par elles que l’on plaît au monde ;
Et ni ici ni dans l’avenir
Tu ne seras abusé par un monde satisfait.

129 Les politiques qui ne respectent pas la pratique
Déplaisent au monde ;
Et à cause du déplaisir du monde,
Il n’y a pas de bonheur ici ou dans l’avenir.

130 Comment ceux qui errent, malheureux,
Sur la voie des mauvaises migrations,
Résolus à tromper les autres pour atteindre leur but inique,
Pourraient-ils comprendre l’essentiel ?

131 Comment celui qui cherche à tromper les autres
Pourrait-il être un homme d’État ?
Pour cette faute, il sera abusé
Durant des milliers de naissances.

132 Celui qui veut nuire à un ennemi
Devrait négliger ses fautes et observer ses vertus,
C’est pour soi-même une source de soutien
Et de défaveur pour l’ennemi.

133 Il t’appartient de réconcilier
Le religieux et le temporel
Par la charité, l’agrément de tes propos,
L’intention et la concordance de ton comportement[22].

134 De même que les vraies paroles des rois
Engendrent par elles seules une ferme confiance,
De même, leurs paroles fausses sont le meilleur moyen
De créer la défiance.

135 La vérité est ce qui ne trompe pas,
Ce qui n'est pas une fabrication de l'esprit.
Cela seul qui est secourable aux autres, c'est la vérité,
L'opposé est le mensonge, qui n'est d'aucun secours.

136 De même qu'une splendide charité
Cache les fautes des rois ;
De même, l'avarice détruit
Toute leur richesse.

137 Dans la paix réside la profondeur
D'où vient le plus grand respect,
Et du respect viennent la puissance et l'autorité.
Aussi, observe la paix.

138 De la sagesse vient un esprit inébranlable
Qui ne se repose pas sur les autres
Et ne se laisse pas tromper.
Aussi, ô roi, recherche la sagesse.

139 Un seigneur qui possède les quatre bontés,
vérité, charité, paix et sagesse,
Est loué par les dieux et par les hommes,
Comme le sont les quatre bonnes pratiques elles-mêmes.

140 La sagesse et la pratique croissent toujours
Pour qui cherche la compagnie
De ceux dont les paroles sont bénéfiques, pures,
Sages, compatissantes et non corrompues.

141 Rares sont ceux qui tiennent des propos secourables,
Ceux qui écoutent sont plus rares,
Mais plus rares encore sont les paroles
Qui bien que déplaisantes sont salutaires.

142 Aussi, reconnaissant l'utilité de ce qui est déplaisant,
Agis promptement,
Tout comme un malade accepte le remède écœurant
De celui qui le soigne avec affection.

143 Considérant toujours que la vie, la santé
Et le pouvoir sont impermanents,
Tu maintiendras un effort intense
Pour observer les bonnes pratiques.

144 Sachant que la mort est certaine
Et que l'on souffre quand elle vient de ses péchés,
Tu t'abstiendras de pécher
Même si tu y trouves un plaisir passager.

145 Parfois l'horreur est manifeste,
Parfois elle ne l'est pas,
Si l'un te rassure,
Pourquoi ne crains-tu pas l'autre[23] ?

146 L'alcool attire le mépris du monde :
Les affaires vont à la ruine ; la santé est gâchée ;
On fait, par illusion, ce qui ne convient pas.
Aussi, ne prends jamais d'alcool.

147 Le jeu est cause d'avarice,
De discorde, de haine, de tromperie,
De brutalité, de mensonge, de folie et de médisance.
Aussi, ne joue jamais.

148 L'attirance pour une femme vient surtout
De la pensée que son corps est pur,
Mais il n'y a rien de pur
Dans le corps d'une femme.

149 La bouche est un réceptacle
De salive infecte et de saletés entre les dents,

Le nez est plein de fluides, de morve et de mucus,
Les yeux ont leurs larmes et leurs propres souillures.

150 Le corps est un récipient empli
D'excréments, d'urine et de viscères,
Celui dont la vision est obscurcie
Ne voit pas une femme ainsi et désire son corps.

151 De même qu'un vase décoré rempli d'ordures
Peut plaire aux idiots,
De même, l'ignorant, l'insensé
Et le mondain désirent les femmes.

152 Si le monde est fort attaché
Au corps nauséabond
Dont la puanteur devrait le détourner,
Comment peut-il être libéré du désir ?

153 De même que les porcs sont avides
D'une source d'excréments, d'urine et de vomissure ;
De même, les hommes lubriques désirent
Une source d'excréments, d'urine et de vomissure.

154 La cité abjecte du corps,
Avec ses trous excrétant les éléments,
Est appelée par les êtres stupides
Un objet de plaisir.

155 Dès lors que tu as vu par toi-même
La saleté des excréments, de l'urine et du reste,
Comment pourrais-tu être attiré
Par un corps ainsi composé ?

156 Pourquoi devrais-tu désirer cela
Quand tu le reconnais comme une forme

répugnante
Produite par une semence dont l'essence est l'ordure,
Un mélange de sang et de sperme ?

157 Celui qui se couche sur cette masse obscène
Couverte d'une peau humide
De ses fluides est simplement étendu
Sur la vessie d'une femme.

158 Beaux ou laids,
jeunes ou vieux,
Si tous les corps de femmes sont orduriers,
Alors d'où vient ton désir ?

159 Il n'y a pas lieu de désirer l'ordure
Bien qu'elle puisse être belle de couleur
Et de forme dans sa fraîcheur ;
Et il en va de même avec le corps d'une femme.

160 Comment ne verrait-on pas
La nature de ce corps putride,
Une masse pourrie recouverte de peau,
Quand elle paraît à ce point horrible ?

161 « La peau n'est pas répugnante,
Elle est comme un voile. »
Sur une masse d'ordures,
Comment pourrait-elle être propre ?

162 Si beau qu'il soit à l'extérieur,
Un vase empli d'ordures est méprisé.
Pourquoi le corps, ainsi rempli
Et répugnant par nature, n'est-il pas méprisé ?

163 Si tu exècres l'ordure,
Pourquoi ne dédaignes-tu pas ce corps
Qui corrompt les parfums,
Les fleurs, les aliments et les boissons ?

164 Comme on méprise
Sa propre souillure ou celle des autres,
Pourquoi ne méprise-t-on pas
Son corps souillé et celui des autres ?

165 Puisque ton propre corps est
Aussi répugnant que celui d'une femme,
Ne devrais-tu pas rejeter
Tout désir pour toi et pour d'autres ?

166 Si toi-même tu laves ce corps
Suintant par les neuf blessures[24]
Et si pourtant tu ne le juges pas ordurier,
À quoi peut te servir l'enseignement profond ?

167 Quant à celui qui compose de la poésie
Avec des métaphores qui élèvent ce corps —
Ô quelle impudeur ! ô quelle stupidité !
Quelle gêne aux yeux du sage !

168 Parce qu'ils sont égarés
Dans les ténèbres de l'ignorance, les êtres sensibles
Se querellent pour ce qu'ils désirent
Comme des chiens se disputent quelque ordure.

169 Il y a du plaisir à se gratter une plaie,
Mais il est plus agréable encore de n'avoir pas
de plaie ;
Il y a des plaisirs dans les désirs du monde,
Mais il est plus agréable encore de n'avoir pas
de désirs.

170 Si tu raisonnes ainsi,
Même si tu n'es pas libéré du désir,
Tu n'auras plus envie des femmes
Parce que ton désir aura diminué.

171 La chasse est une cause qui, sans cesse,
Entraîne une vie brève,

La souffrance et l'enfer.
Aussi, garde-toi toujours de tuer.

172 Mauvais comme un serpent au crochet venimeux,
Le corps souillé d'ordures,
Tel est celui qui effraie des êtres incarnés
Quand il les rencontre.

173 Tout comme les paysans sont heureux
De voir approcher un nuage chargé de pluie,
Celui qui réjouit les êtres incarnés
Quand il les rencontre est toujours bienvenu.

174 Aussi, observe toujours les bonnes pratiques
Et non leur contraire.
* * * * * *
Si tu veux, ainsi que les autres êtres du monde,
Accéder à l'illumination suprême,

175 Ses racines sont une aspiration altruiste
à l'illumination, solide comme Meru, le roi des montagnes,
La compassion qui englobe toute chose,
La sagesse qui ne repose pas sur la dualité.

176 Ô grand roi, apprends comment
Ton corps sera orné
Des trente-deux signes
D'un grand être.

177 En honorant comme il se doit les reliquaires[25],
Les êtres honorables, les maîtres et les anciens,
Tu deviendras un monarque universel,
Tes mains glorieuses et tes pieds marqués par [le dessin d'une] roue.

178 Ô roi, observe toujours fermement
Tes vœux au sujet des pratiques,

Tu deviendras alors un Bodhisattva
Aux pieds en équilibre parfait.

179 Par tes dons et tes propos agréables,
Par l'intention et la concordance de ton comportement,
Tu auras des mains aux doigts glorieux,
Joints par des palmures [de lumière].

180 En donnant sans compter
La boisson et la nourriture la meilleure,
Tes mains et tes pieds glorieux seront doux;
Tes mains, tes pieds, tes omoplates
Et ta nuque s'élargiront,
Ainsi ton corps sera grand et ces sept zones larges.

181 Si tu ne fais jamais de mal et si tu libères les condamnés,
Ton corps sera beau, droit et grand,
Très haut avec de longs doigts
Et de larges talons.

182 Si tu propages les pratiques de tes vœux,
Ton teint sera glorieux,
Tes chevilles ne seront pas saillantes,
Tes poils pousseront vers le haut.

183 Pour ton zèle à apprendre le savoir et les arts,
Et à les transmettre,
Tu auras les mollets d'une antilope,
L'esprit vif et une grande sagesse.

184 Si d'autres cherchent ta fortune et tes biens,
Par la discipline du don immédiat,
Tu auras de larges mains, une allure agréable
Et tu deviendras un maître du monde.

185 Si tu réconcilies
Les amis qui étaient divisés,

Ton glorieux organe secret
Se rétractera à l'intérieur.

186 Si tu offres de bonnes maisons
Et des tapis confortables,
Ton teint sera très doux
Comme l'or pur.

187 En offrant les pouvoirs suprêmes [ou les royaumes]
Et en suivant un maître comme il se doit,
Tu seras orné par chacun de tes cheveux
Et par un cercle de poils entre les sourcils.

188 Par tes discours plaisants
Et par tes actes conformes aux bonnes paroles [des autres],
Tu auras des épaules arrondies
Et le haut du corps comme celui d'un lion.

189 Si tu veilles et soignes les malades,
Ta poitrine sera large,
Tu vivras naturellement
Et tous les goûts te seront délicieux.

190 Si tu développes des activités conformes
Aux pratiques, le renflement sur ta couronne[26]
Saillira et ton corps sera symétrique
Comme un banian.

191 Si tu prononces des paroles vraies et douces
Au fil des années, ô seigneur des hommes,
Ta langue sera longue et
Ta voix comme celle de Brahmā.

192 Si tu prononces des paroles vraies
Toujours et en tous moments,
Tu auras des joues comme celles d'un lion,
Tu seras glorieux et résistant.

193 Si tu témoignes un grand respect,
Si tu sers les autres et fais ce qui doit être fait,
Tes dents brilleront
D'un blanc pur et immaculé.

194 Pour tes propos vrais et exempts
De tout germe de discorde,
Tu auras quarante dents glorieuses,
Bien plantées régulièrement.

195 Si tu regardes les choses avec amour
Et sans désir, haine ou illusion,
Tes yeux seront brillants et bleus,
Avec des cils comme ceux d'un taureau.

196 Aussi, retiens bien
Ces trente-deux signes
D'un grand lion parmi les hommes
Ainsi que leurs causes.

197 Les quatre-vingts marques mineures
Apparaissent à la suite d'une cause concordante d'amour ;
De crainte que ce texte ne soit trop long,
Je ne les expliquerai pas, ô roi.

198 Tous les empereurs universels
Les ont, pense-t-on, mais elles ne peuvent
Par leur pureté, leur lustre et leur beauté
Rivaliser avec celles d'un Bouddha.

199 Les bonnes marques majeures et mineures
D'un empereur universel surviennent,
Dit-on, d'un seul acte
De foi dans le Roi des maîtres.

200 Mais tant de vertus accumulées avec un esprit
Concentré pendant cent fois dix millions d'éons
Ne peuvent produire un seul

Des orifices pileux d'un Bouddha.
De même que la brillance des soleils
Ressemble un peu à celle des lucioles,
De même les signes d'un Bouddha
Ressemblent un peu à ceux d'un empereur
universel.

Les accumulations en vue de l'illumination

201 Grand roi, apprends
Des grandes écritures du Mahāyāna
Comment les marques d'un Bouddha manifestent
Un mérite inconcevable.

202 Le mérite qui crée tous les Illuminés solitaires,
Les disciples et les non-disciples,
Comme tout le mérite du monde transitoire,
Est sans mesure comme l'univers lui-même.

203 Un tel mérite dix fois étendu
Permet de réaliser un orifice pileux d'un Bouddha;
Tous les orifices pileux d'un Bouddha
Sont manifestés en répétant le même effort.

204 En multipliant par cent
Le mérite qui produit
Tous les orifices pileux d'un Bouddha,
On obtient une marque propice mineure.

205 Ô roi, autant il faut de mérite
Pour une marque propice mineure,
Autant il en faut également
Pour chaque autre jusqu'à la quatre-vingtième.

206 En multipliant par cent
L'ensemble des mérites
Qui réunissent les quatre-vingts marques propices mineures,

On fait apparaître un signe majeur d'un grand
être.

207 En multipliant par mille
Le grand mérite qui est cause
De l'accomplissement des trente signes majeurs,
On réalise le trésor pileux comme une pleine
lune[27].

208 En multipliant par cent mille
Le mérite du trésor pileux,
On produit la saillie en couronne d'un
protecteur,
Imperceptible [quant à sa taille].

[En augmentant de dix millions de fois cent
mille
Le mérite de la saillie en couronne,
On accède à l'excellence qui donne au discours
du Bouddha
Son euphonie et ses soixante qualités.][28]

209 Bien qu'un tel mérite soit sans mesure,
Il est dit par concision qu'il peut être mesuré
Et qu'il représente en totalité
Dix fois le mérite du monde.

210 Dès lors que même les causes du Corps formel
D'un Bouddha sont incommensurables
Comme l'univers, comment alors pourrait-on
mesurer
Les causes du Corps de vérité ?

211 Si les causes de toutes choses sont petites
Mais produisent de grands effets,
Il faut éliminer la pensée que les causes sans
mesure
De la bouddhéité puissent avoir des effets
mesurables.

212 Le Corps formel d'un Bouddha
Est réalisé par le mérite accumulé ;
Le Corps de vérité, pour résumer, ô roi,
Est accompli par la sagesse accumulée.

213 Ainsi, ces deux accumulations sont cause
De l'accession à la bouddhéité ;
Aussi repose-toi
Toujours sur le mérite et la sagesse.

214 Ne sois point paresseux dans cette accumulation
De mérites pour accéder à l'illumination
Car le raisonnement et les écritures
Peuvent te rendre courage.

215 Dans toutes directions,
L'espace, la terre, l'eau, le feu et le vent
Sont sans limites ; de même,
Les êtres sensibles souffrants sont innombrables.

216 Les Bodhisattvas guident par leur compassion
Ces êtres sensibles innombrables
Hors de la souffrance
Pour les établir dans la bouddhéité.

217 Qu'il dorme ou qu'il ne dorme pas,
Celui qui demeure inébranlable
Après avoir pleinement assumé [une telle compassion],
Alors même qu'il aurait pu relâcher sa conscience,

218 Accumule sans cesse un mérite aussi illimité
Que tous les êtres sensibles car leur nombre n'a pas de limite.
Sache ainsi que puisque [les causes] sont illimitées,
Il n'est pas difficile d'atteindre la bouddhéité sans limite.

219 [Un Bodhisattva] demeure [dans le monde]
pour un temps illimité,
Il recherche pour les innombrables êtres incarnés
Les [qualités] illimitées de l'illumination
Et accomplit sans limite des actions vertueuses.

220 Bien que l'illumination n'ait pas de limites,
Comment pourrait-il ne pas y arriver
Sans être longtemps retardé
Avec ces quatre accumulations illimitées.

221 Les accumulations sans limites
Du mérite et de la sagesse
Ont tôt fait d'éradiquer
Les souffrances de l'esprit et du corps.

222 Les souffrances physiques des mauvaises
migrations
Comme la faim et la soif proviennent des péchés ;
Un Bodhisattva ne pèche pas et, grâce à son
mérite,
Il ne [souffre pas physiquement] dans d'autres vies.

223 Les souffrances physiques du désir,
De la peur, de l'avarice et ainsi de suite dérivent
De l'ignorance ; il les sait sans fondement
Et peut ainsi rapidement éradiquer [toute
souffrance mentale].

224 Comme il n'est pas affecté
Par la douleur physique et mentale,
Pourquoi devrait-il se décourager,
Même s'il guide les êtres de tous les mondes ?

225 La souffrance est dure à supporter même peu de
temps ;
Que dire alors si c'est pour longtemps ?
Qu'est-ce qui peut jamais affliger un homme
heureux

Qui ne souffre pas un instant ?

226 Si son corps ne souffre pas,
Comment peut-il souffrir dans son esprit ?
Par sa grande compassion, il ressent de la douleur
Pour le monde, et c'est ainsi qu'il y reste longtemps[29].

227 Aussi ne te décourage pas à la pensée
Que la bouddhéité est encore loin.
Efforce-toi toujours d'accumuler les mérites
Pour effacer les fautes et accéder aux vertus.

228 Comprenant que l'ignorance, le désir
Et la haine sont des défauts, détourne-toi complètement d'eux.
Découvre que le non-désir, la non-haine et la non-ignorance
Sont des vertus et pratique-les avec ardeur.

229 À cause du désir, on renaît sous la forme d'un esprit affamé ;
À cause de la haine, dans un enfer ; à cause de l'ignorance,
Souvent sous la forme d'un animal ; en renonçant à ces défauts,
On devient un dieu ou un être humain.

230 Éliminer tous les défauts et cultiver les vertus,
Telles sont les pratiques des conditions élevées ;
Effacer toute mauvaise conception de la conscience [du réel],
Telle est la pratique de la félicité absolue.

231 Avec respect et sans compter, tu dois construire
Des images de Bouddha, des reliquaires et des temples ;
Tu dois offrir d'abondantes richesses,

Des aliments et autres produits de nécessité.

232 Construis, s'il te plaît, en matériaux précieux
Des images aux proportions élégantes du Bouddha,
Bien représenté et assis sur des lotus,
Orné de toutes substances précieuses.

233 Tu dois soutenir avec force
L'excellente Doctrine et l'assemblée des moines
Et décorer les reliquaires
D'or et de frises ornées de pierreries.

234 Vénère les reliquaires
Par des offrandes de fleurs d'or et d'argent,
De diamants, de coraux, de perles, d'émeraudes,
D'œils-de-chat et de saphirs.

235 Vénérer les maîtres de la Doctrine,
C'est [offrir] pour leur plaire
Des biens et des services
Et s'appuyer fermement sur la Doctrine[30].

236 Écoute un maître avec hommage
Et respect. Sers-le et prie-le.
Vénère toujours respectueusement
Les [autres] Bodhisattvas.

237 Tu ne devras ni respecter, ni révérer,
Ni honorer les autres, les passeurs de gué[31],
Car c'est ainsi que l'ignorant
Se laisse séduire par ce qui est faux.

238 Tu devras répandre la parole
Du roi des Conquérants et les traités
Qu'il a laissés, ainsi que les pages et les livres
Avec leurs préalables, les plumes et l'encre.

239 Afin d'accroître la sagesse,
Partout où se trouve une école,

Tu subviendras aux besoins des maîtres
Et tu [leur] accorderas des terres.

240 Afin d'éradiquer la souffrance
Des êtres sensibles, les vieux, les jeunes et les infirmes,
Tu useras de ton influence pour établir
Dans ton royaume des barbiers et des médecins.

241 Agis, s'il te plaît, avec une sage bonté et donne à ton peuple
Des auberges, des lieux d'amusement, des fossés,
Des bassins, des lieux de repos, des réservoirs d'eau,
Des lits, des aliments, de l'herbe et du bois.

242 Crée, s'il te plaît, des abris où se reposer
Dans tous les temples, les villes et les cités,
Et prévois des réservoirs d'eau
Sur toutes les routes arides.

243 Soigne toujours avec compassion
Les malades, les faibles,
Ceux qui souffrent, les humbles et les pauvres
Et veille particulièrement à les nourrir.

244 Tant que tu n'auras pas donné aux moines et aux pauvres
Chaque saison des aliments appropriés
Et des boissons, des récoltes, du grain et des fruits,
Tu ne devras pas leur prendre d'impôt.

245 Auprès des réservoirs d'eau,
Place des chaussures, des ombrelles, des filtres à eau,
Des pinces pour ôter les épines,
Des aiguilles, du fil et des éventails.

246 Dans les réservoirs, place les trois fruits médicinaux,
Les trois remèdes contre la fièvre, du beurre,
Du miel, du baume pour les yeux, des antidotes
Contre le poison, des formules et des prescriptions écrites[32].

247 Autour des réservoirs, place
Des baumes pour le corps, les pieds et la tête,
De la laine, de petits sièges, du gruau, des bols,
Des pots, des haches et ainsi de suite.

248 Prévois, s'il te plaît, de petits récipients à l'ombre
Remplis de sésame,
De riz, de grains, de mélasse
Et d'eau potable.

249 À l'entrée des fourmilières,
Veille à ce que des hommes de confiance
Disposent toujours des aliments et de l'eau,
Du sucre et des tas de grain.

250 Avant et après tes repas,
Offre une nourriture appropriée
Aux esprits affamés, aux chiens,
Aux fourmis, aux oiseaux et ainsi de suite.

251 Prodigue largement tes soins
Aux persécutés, aux victimes [de catastrophes],
Aux blessés, aux malades
Et aux êtres du monde en terre conquise.

252 Pourvois aux besoins des fermiers ruinés
En semences et en nourriture,
Supprime les impôts élevés
En réduisant leur taux.

253 Protège [les pauvres] de la douleur d'envier [ta richesse],

Ne lève pas de [nouvelles] taxes et réduis celles
[qui sont trop lourdes],
Libère ton peuple de la souffrance [qu'il ressent
quand
Le collecteur d'impôt] attend à la porte.

254 Élimine les voleurs et les brigands
Dans ton pays et dans ceux des autres.
Fixe, s'il te plaît, des prix équitables et maintiens
Les profits à un niveau constant [quand il y a
pénurie].

255 Retiens bien [les conseils]
Que tes ministres te donnent
Et suis-les toujours
S'ils sont profitables au monde.

256 De même que tu aimes penser
À ce qui pourrait t'être agréable,
Tu devrais aimer penser
À ce qui pourrait être agréable aux autres.

257 Mets-toi, ne serait-ce qu'un instant,
À la disposition des autres
Comme la terre, l'eau, le feu, le vent, les remèdes
Et les forêts [sont à la disposition de tous].

258 Dans le temps qu'il faut pour avancer de sept pas,
Un mérite incommensurable comme le ciel
Est produit par les Bodhisattvas
Qui sont bien disposés à renoncer aux richesses.

259 Si tu donnes aux jeunes filles dans le besoin
Une parure pour leur beauté,
Tu maîtriseras les charmes
Pour retenir l'excellente Doctrine.

260 Jadis, le Maître pourvoyait
À chaque besoin et il offrit

À quatre-vingt mille jeunes filles
Toutes sortes de parures.

261 Donne aimablement aux mendiants
Des vêtements divers et chatoyants,
Des ornements, des parfums,
Des guirlandes et des réjouissances.

262 Si tu offres [le nécessaire]
Aux plus démunis qui n'ont pas
Les moyens [d'étudier] la Doctrine,
Il n'y a pas de plus grand don que celui-là.

263 Donne même du poison
À ceux que cela aidera,
Mais ne donne pas les meilleurs aliments
À ceux que cela n'aidera pas.

264 De même qu'on dit qu'un doigt coupé
Peut aider à retenir un serpent,
De même on dit que le Maître
Apporte la gêne pour aider les autres.

265 Tu respecteras suprêmement
L'excellente doctrine et ses maîtres,
Tu l'écouteras avec révérence
Et tu la transmettras ensuite aux autres.

266 Ne prends nul plaisir dans les discours du monde,
Mais recherche avec délice ce qui va au-delà du monde,
Fais naître chez les autres les bonnes qualités
Avec autant de zèle que tu y aspires toi-même.

267 Ne te contente pas, s'il te plaît, d'entendre les doctrines,
Mais retiens-en la signification et choisis.

Efforce-toi toujours, s'il te plaît,
D'offrir aux maîtres des présents.

268 Ne récite pas les paroles des nihilistes,
Renonce aux discussions qui flattent la vanité,
Ne loue pas tes bonnes qualités,
Mais insiste plutôt sur celles, même, de tes
ennemis.

269 Ne prononce pas de mots qui blessent,
Ne parle pas des autres
Avec des intentions mauvaises, mais analyse
Plutôt tes propres erreurs.

270 Tu dois te libérer complètement des fautes
Que le sage condamne chez les autres,
Et user de ton pouvoir
Pour inciter les autres à faire de même.

271 Songe au tort que d'autres t'ont fait
Comme à la conséquence de tes actes passés ;
Ne sois pas fâché, agis de façon à ne plus causer
De souffrance et tes propres fautes s'effaceront.

272 Aide les autres
Sans espoir de récompense,
Supporte seul la souffrance
Et partage tes plaisirs avec les nécessiteux.

273 Ne sois pas gonflé d'orgueil même si tu accèdes
À la prospérité des dieux.
Ne te laisse pas non plus abattre, même
Par l'accablante pauvreté des esprits affamés.

274 Pour ton propre salut, dis toujours la vérité.
Même si tu devais en mourir
Ou y perdre ton royaume,
Ne tiens nul autre discours.

275 Observe toujours la discipline
De tes actes telle qu'elle a été exposée.
Alors, ô glorieux, tu deviendras
Le meilleur modèle sur terre.

276 Tu devras toujours tout analyser
Avant d'agir,
C'est en voyant les choses telles qu'elles sont
Que tu ne te reposeras plus sur les autres.

277 Grâce à ces pratiques, ton règne sera heureux,
Une vaste renommée
S'étendra dans toutes les directions,
Et tes ministres te révéreront.

278 Les causes de la mort sont nombreuses,
Rares sont celles qui gardent en vie,
Et celles-là mêmes peuvent devenir des causes
de mort,
Aussi, observe toujours les pratiques.

279 Si tu pratiques les vertus,
Le bonheur mental qui s'étendra
Sur le monde et sur toi-même
Sera des plus bénéfiques.

280 Grâce aux pratiques, tu t'endormiras
Et tu t'éveilleras dans le bonheur;
Irréprochable jusque dans ta nature profonde,
Tu seras heureux même dans tes rêves.

281 Attentif à servir tes parents, respectueux
Des fondateurs de ta lignée,
Avisé dans l'usage de tes ressources, patient,
généreux,
La parole aimable, véridique, sans jamais semer
la discorde,

282 En observant toute une vie une telle discipline,

Tu deviendras roi chez les dieux
Et tu feras ainsi encore bien plus.
Aussi observe les pratiques.

283 Même l'offrande trois fois par jour
De trois cents marmites pleines de nourriture
N'égale pas une portion du mérite
Acquis en un instant d'amour.

284 Sans doute [grâce à l'amour] ne seras-tu pas libéré,
Mais tu accéderas aux vertus élevées de l'amour,
Les dieux et les humains te traiteront avec amitié,
Même [les non-humains] te protégeront.

285 Tu connaîtras les plaisirs de l'esprit et nombre [de ceux
Du corps], le poison et les armes ne pourront rien contre toi,
Tu atteindras tes buts sans effort
Et tu renaîtras dans le monde de Brahmā.

286 Si tu amènes les êtres sensibles à aspirer
À l'illumination avec une ardeur sans faiblesse,
Ta propre aspiration sera toujours
Aussi ferme que [Meru], le roi des montagnes.

287 Grâce à la foi, tu ne manqueras pas de liberté,
Grâce à la morale, tu accéderas aux bonnes migrations,
Grâce à la familiarité de la vacuité,
Tu ne seras pas attaché aux phénomènes.

288 Grâce à la résolution, tu atteindras la conscience,
Et l'intelligence, grâce à la réflexion ; grâce au respect,
Tu comprendras ce que signifie la Doctrine

Et tu deviendras sage en la retenant.

289 En ne laissant rien obscurcir l'audition
Et la transmission de la Doctrine,
Tu vivras dans la compagnie des Bouddhas
Et tu réaliseras tes vœux rapidement.

290 Grâce au non-attachement, tu apprendras ce que [la Doctrine] signifie.
Si tu n'es pas avare, tes ressources grandiront ;
Si tu n'es pas fier, tu deviendras le chef [de ceux que tu as respectés] ;
Si tu soutiens la Doctrine, tu sauras la retenir.

291 Si tu offres les cinq denrées essentielles[33]
Et si tu n'effraies pas celui qui a peur,
Nul mal ne pourra te nuire,
Tu seras le meilleur des puissants.

292 Si tu apportes nombre de lampes
Aux reliquaires et ailleurs,
Et de l'huile pour les lampes dans les lieux sombres,
Ton œil divin s'ouvrira.

293 Si tu offres des cloches et d'autres instruments
Pour le culte des reliquaires,
Et ailleurs des tambours et des trompettes,
Ton oreille divine s'ouvrira.

294 Si tu ne racontes pas les erreurs des autres,
Si tu ne parles pas de leurs membres infirmes,
Mais si tu protèges plutôt leur esprit, tu gagneras
La connaissance de l'esprit des autres.

295 Si tu pourvois aux transports et si tu offres des chaussures,
Si tu sers les faibles

Et si tu donnes aux maîtres des élèves, tu développeras
La faculté de créer des émanations magiques[34].

296 Si par tes actes tu soutiens la Doctrine[35],
Si tu gardes ses livres et leur sens en mémoire,
Et si tu la transmets sans la corrompre,
Tu conserveras le souvenir de tes vies.

297 Si tu sais parfaitement et véritablement
Que nul phénomène n'a d'existence en soi,
Tu atteindras la sixième clairvoyance
Qui efface toute contamination.

298 Si tu cultives la sagesse du réel
Qui est la même [pour tous les phénomènes] et qui est imprégnée de compassion
Pour le salut de tous les êtres sensibles,
Tu deviendras un Conquérant qui possède toutes les excellences.

299 Grâce à tes pures aspirations,
Ta Terre de Bouddha sera purifiée,
Et en offrant des gemmes au roi
Des Conquérants, tu répandras une lumière infinie.

300 Aussi, sachant comment les actes
Et leurs effets s'accordent,
Pour ton propre salut, aide toujours les autres
Et tu t'aideras toi-même.

Politique royale

301 Un roi qui ne fait pas ce qui est juste
Et bon est souvent flatté
Par ses sujets, car il est difficile de savoir
Ce qu'il tolérera ou non ;
Aussi est-il difficile de savoir
Ce qui vaut ou non [d'être dit][36].

302 S'il est dur de tenir à un autre
Des propos utiles mais déplaisants,
Que puis-je dire, moi, un moine,
À un roi qui règne sur la grande terre ?

303 Mais en raison de mon affection pour toi
Et de ma compassion pour tous les êtres,
Je te dis sans hésitation
Ce qui est utile mais déplaisant.

304 Le Bienheureux disait que, le moment venu,
Il faut par compassion apprendre aux élèves la vérité,
Aimable, chargée de sens et salutaire.
C'est pourquoi je te dis tout cela.

305 Ô roi inébranlable, si les paroles justes
Sont prononcées sans colère,
Il faut les accueillir car elles sont faites
Pour être entendues comme l'eau est faite pour le bain.

306 Sache que je te dis
Ce qui est utile dans ce monde et dans ceux à venir.

Agis en conséquence
Pour ton profit et pour celui des autres.

307 Si tu n'offres rien
Pour les richesses que tu as reçues précédemment,
À cause de ton ingratitude et de ton attachement,
Tu n'obtiendras nulle richesse dans l'avenir.

308 Ici, dans ce monde, les porteurs ne se chargent pas
De provisions pour un voyage impayé.
De même, les humbles mendiants qui emportent pour ta vie future
Cent fois [ce que tu leur donnes] ne le feront pas sans paiement.

309 Garde toujours un esprit exalté
Qui se plaît dans les actes exaltés,
Car c'est de ces actes que naissent
Tous les effets exaltés.

310 Construis des foyers de Doctrine, des demeures
Pour les Trois Joyaux, et tu te construiras
Une gloire et une renommée
Que les rois moins fortunés n'ont pas même imaginées.

311 Ô roi, mieux vaut ne pas construire
Des foyers de Doctrine que les souverains voisins
Regarderaient sans stupeur, car
Tu en conserverais la mauvaise réputation jusques après la mort.

312 Consacres-y même toute ta fortune
Pour libérer de l'orgueil les exaltés,
Pour réjouir [tes égaux] et pour surpasser
Dans leurs inclinations tes inférieurs par ta grande exaltation[37].

313 [À la mort,] impuissant, il te faudra partir,
Abandonnant toutes tes possessions,
Mais tout ce que tu emploies pour servir la Doctrine
Te précède [comme bon karma].

314 Les possessions d'un roi
Passent aux mains de son successeur ;
De quelle utilité sont-elles alors au roi précédent
Pour la religion, le bonheur ou la renommée ?

315 Dans l'usage de la fortune, on trouve le bonheur ici et maintenant ;
Dans le don, on trouve le bonheur dans l'avenir ;
Celui qui gâche sa fortune sans en user ou la donner
Ne trouve que la misère. Comment pourrait-il y trouver du bonheur ?

316 À cause de ton impuissance au moment de mourir, tu seras
Incapable de donner par l'intermédiaire de tes ministres.
Sans vergogne, ils perdront toute affection pour toi
Et chercheront à plaire au nouveau roi.

317 Aussi, tant que tu es en bonne santé, construis dès à présent
Des foyers de Doctrine avec toute ta richesse,
Car tu vis parmi les causes de la mort
Comme la flamme d'une lampe dans la brise.

318 Les autres foyers de Doctrine
Créés par ton prédécesseur,
Les temples et tout le reste,
Doivent aussi être entretenus comme avant.

319 Confie-les, s'il te plaît, à ceux
Qui ne font pas de tort aux autres, qui respectent leurs vœux,
Qui sont vertueux, sincères, aimables envers les visiteurs,
Patients, sans agressivité et toujours industrieux.

320 Veille à ce que les aveugles, les malades, les humbles,
Ceux qui n'ont pas de protecteur, les misérables
Et les infirmes reçoivent également
Le boire et le manger sans interruption.

321 Apporte toutes sortes d'assistance
Aux hommes de religion qui n'en demandent pas
Et même à ceux qui vivent
Dans les royaumes d'autres monarques.

322 Dans tous les foyers de Doctrine,
Désigne des serviteurs
Énergiques, désintéressés, habiles,
Religieux et sans méchanceté.

323 Choisis des ministres instruits de la bonne politique
Qui observent la Doctrine et qui sont dévoués,
Purs, aimables, résolus, de bonne lignée,
D'excellente disposition et qui sont reconnaissants.

324 Nomme des généraux qui sont généreux,
Sans attachements, braves, dévoués,
Qui emploient [la fortune du roi] à bon escient, qui sont loyaux,
Toujours scrupuleux et qui observent la Doctrine.

325 Désigne comme administrateurs des hommes
âgés,
Religieux, purs et capables,
Qui savent ce qui doit être fait, qui sont
instruits, impartiaux,
Dévoués et qui entendent la bonne politique.

326 Il faut que chaque mois tu les écoutes
Exposer les revenus et les dépenses
Et que tu dises après les avoir entendus ce qui
doit être fait
Pour les foyers de Doctrine et pour le reste.

327 Si ton règne est consacré à la Doctrine
Plutôt qu'à la gloire ou au désir,
Il portera des fruits innombrables,
Sinon son seul fruit sera le malheur.

328 Ô seigneur des hommes, puisque nombreux
sont ceux
Dans ce monde qui sont enclins à se tromper
Les uns les autres, écoute comment doivent
être
Ton règne et ta pratique.

329 Garde toujours autour de toi des hommes
D'âge mûr, d'expérience et de noble lignée,
Qui savent quelle politique est bonne, qui
répugnent au péché,
Qui sont aimables et savent ce qui doit être
fait.

330 Même s'ils mettent à l'amende,
Font arrêter et punissent à bon droit,
Toi, adouci par la compassion,
Tu te soucieras toujours [des condamnés].

331 Ô roi, tu devras toujours, par compassion,
Adopter une attitude secourable,

Même pour les êtres incarnés
Qui ont commis les pires péchés.

332 Voue une compassion particulière
Aux meurtriers dont les crimes sont horribles,
Car les natures déchues sont là pour recueillir
La compassion de ceux dont la nature est élevée.

333 Libère les prisonniers les plus faibles
Après un ou cinq jours,
Et ne pense pas que jamais les autres
Ne doivent être remis en liberté.

334 Pour chaque homme que tu ne songes pas à libérer,
Tu manqueras au vœu du laïc,
Et pour avoir manqué au vœu,
Tu accumuleras constamment les fautes.

335 Tant que les prisonniers ne sont pas libérés,
Il faudra assurer leur confort
En leur procurant barbiers, bains, nourriture et boisson,
Remèdes et vêtements[38].

336 De même que l'on punit à contrecœur
Les fils indignes pour les corriger,
De même le châtiment doit être administré avec compassion
Et non par haine ou par convoitise.

337 Quand tu auras bien enquêté
Et reconnu sans erreur les meurtriers furieux,
Bannis-les,
Sans les tuer ou les torturer.

338 Pour garder la maîtrise de ton pays,
Fais-le surveiller par tes agents;

Attentif et scrupuleux,
Agis toujours conformément à la pratique.

339 Honore constamment avec exaltation,
Par des dons, des marques de respect et de révérence,
Ceux qui sont instruits des bonnes qualités,
Et honore pareillement tous les autres.

340 Les oiseaux de ton peuple se poseront
Sur l'arbre royal qui dispense l'ombre de la patience,
Les fleurs épanouies du respect
Et les beaux fruits de la charité.

341 Un roi dont la nature est de donner
Est aimé, s'il est fort,
Comme un gâteau sucré
Au goût puissant de cardamome.

342 Si tu raisonnes et analyses ainsi,
Ton domaine ne dégénérera pas,
Il ne manquera pas de principes
Et ne sera pas dépourvu de règles.

343 Tu n'as pas apporté ton royaume dans cette vie
De ta vie précédente et tu ne l'emporteras pas dans la suivante ;
Puisque tu l'as gagné par tes vertus,
Il est mauvais d'en user sans vertu.

344 Ô roi, applique-toi
À éviter à ton royaume un héritage
De ressources misérables
Par la faute d'un mauvais usage des biens royaux.

345 Ô roi, applique-toi
À accroître l'héritage

Des ressources du royaume
Par [un usage approprié] des tiennes propres.

346 Si un monarque universel règne
Sur les quatre continents, on considère pourtant
Que ses plaisirs ne sont que de deux types,
Le physique et le mental.

347 Les sensations physiques de plaisir
Sont simplement l'amoindrissement de la douleur,
Les plaisirs mentaux sont construits par la pensée,
Créés seulement par l'intellect.

348 Tous les trésors des plaisirs de ce monde
Ne sont qu'une diminution de la souffrance
Ou que [des créations de] la pensée;
Aussi ne sont-ils pas vraiment réels.

349 Il y a, séparément, la jouissance
Des continents, des pays, des villes et des maisons,
Des transports, des sièges, des vêtements, des lits, des aliments,
Des boissons, des éléphants, des chevaux et des femmes.

350 Quand l'esprit prend n'importe laquelle [de ces choses
Pour objet], on dit qu'il y trouve du plaisir,
Mais s'il ne prête nulle attention aux autres,
Les autres ne sont pas alors [des causes de plaisir] réelles.

351 Quand les cinq sens, la vue et les autres,
Appréhendent [simultanément] leurs objets,
Une pensée [de plaisir] ne se rapporte pas [à tous] ;

Aussi à ce moment ne donnent-ils pas tous du plaisir.

352 Quel que soit celui des [cinq] objets qui est reconnu
[Comme agréable] par un des [cinq] sens,
Les autres [objets] ne sont pas reconnus tels[39]
Puisqu'ils ne sont pas de réelles [causes de plaisir].

353 Quand l'esprit appréhende un objet passé
Qui a été perçu par les sens,
Il l'imagine et le conçoit
Comme une source de plaisir.

354 Quant au sens qui, ici [dans le monde],
Reconnaît seul un objet,
Il est, sans cet objet,
Aussi irréel que l'objet sans lui.

355 De même qu'on dit d'un enfant qu'il a besoin pour naître
D'un père et d'une mère,
De même on dit qu'une conscience se manifeste
Dans la dépendance d'un sens et d'une forme.

356 Les objets passés et futurs
Sont irréels comme les sens
Et les [objets] présents le sont aussi
Puisqu'ils ne sont pas distincts de ces deux-là[40].

357 De même que l'œil perçoit par erreur
Comme une roue un brandon [que l'on fait tournoyer],
De même les sens appréhendent
Les objets présents [comme s'ils étaient réels].

358 On considère que les sens et leurs objets
Sont composés par les éléments ;
Dès lors que les éléments individuels sont irréels,
Ces objets le sont aussi.

359 Si chaque élément est différent,
Il s'ensuit que le feu pourrait exister sans combustible ;
Mêlé aux autres, il serait sans caractère[41].
Et il en va de même pour tous les éléments.

360 Puisque les éléments sont irréels
Sous ces deux aspects, l'agencement l'est aussi ;
Puisque l'agencement est irréel,
Les formes le sont aussi.

361 Et puisque les consciences, les sentiments,
Les discriminations, les facteurs d'agencement
Ne sont en aucune façon des réalités existant en elles-mêmes,
[Les plaisirs] ne sont en définitive pas réels.

362 De même que la diminution de la douleur
Est prise pour un plaisir réel,
De même la suppression d'un plaisir
Est prise aussi pour de la douleur.

363 Aussi l'attachement à la recherche du plaisir
Et à l'éloignement de la douleur
Doit-il être abandonné parce que l'un et l'autre n'ont pas d'existence inhérente ;
Ceux qui le perçoivent trouvent la libération.

364 Qu'est-ce qui perçoit [la réalité] ? On dit que c'est l'esprit
Par convention car, sans facteurs mentaux,
Il ne peut y avoir d'esprit

Ni, simultanément, [de second esprit], puisqu'ils sont irréels[42].

365 Celui qui sait, véritablement et correctement,
Que les êtres animés sont irréels,
N'est plus soumis [aux renaissances] et, sans attachement,
Il se libère [de la souffrance] comme un feu s'éteint sans sa cause.

366 Les Bodhisattvas, qui ont perçu ceci,
Recherchent avec certitude l'illumination parfaite.
Par leur compassion seule, ils maintiennent
Une continuité d'existence jusqu'à l'illumination.

367 Dans le Mahāyāna, le Tathāgata a enseigné
Les accumulations [de mérites et de sagesse] des Bodhisattvas.
Parce qu'il déplaît à ceux qu'il déconcerte,
Le Mahāyāna est dénigré.

368 Soit par ignorance des vertus et des défauts,
Soit par confusion des vices et des vertus,
Ou par aversion pour les vertus,
Ils dénigrent le Mahāyāna.

369 Celui qui méprise le Mahāyāna
En sachant qu'il est mal de blesser les autres
Mais qu'il est vertueux de les aider
Est un ennemi des vertus.

370 Celui qui méprise le Mahāyāna,
Source de toutes vertus, qui enseigne à ne se réjouir
Que dans l'accomplissement des buts d'autrui,
Sans regarder les siens propres, celui-là se brûle lui-même.

371 L'un qui a foi [en la vacuité et s'en détourne]
par incompréhension,
L'autre, furieux, qui [se détourne de la vacuité]
par aversion;
Si même le fidèle doit être brûlé,
Que dire de celui qui s'égare par mépris?

372 Comme la médecine explique
Que le poison peut être chassé par le poison,
Quelle contradiction y a-t-il à dire
Que l'injure peut être chassée par la souffrance?

373 On sait que la motivation détermine la pratique
Et que l'esprit est le plus important.
Comment, alors, même un homme qui souffre
ne pourrait-il être secourable
Envers celui qui offre son assistance
avec la motivation d'aider les autres?

374 Si même [dans la vie ordinaire] la douleur
peut apporter un bénéfice futur,
[Accepter une souffrance] bénéfique
Pour son bonheur et celui des autres
sera bien sûr profitable;
Cette pratique ancienne est reconnue
comme l'excellente méthode.

375 Dans le renoncement à de petits plaisirs,
Il y a un grand bonheur [plus tard] ;
Les fidèles résolus, voyant ce grand bonheur,
Doivent abandonner leurs petits plaisirs
[maintenant].

376 Si l'on ne peut supporter cela,
Alors les médecins qui donnent des remèdes
caustiques
Sont appelés à disparaître. Il n'est pas
[raisonnable]
De délaisser [un grand plaisir pour le petit].

377 Parfois, ce que l'on croit normalement sans intérêt
Est regardé comme bénéfique par le sage ;
Les règles générales et leurs exceptions
Sont soulignées dans tous les traités.

378 Quel être intelligent dénigrerait
Les actes motivés par la compassion
Et la sagesse pure
Qu'enseigne le Mahāyāna ?

379 En raison de sa profondeur et de sa largeur de vue,
Le Mahāyāna est dénigré
Par l'ignorant et le paresseux,
Qui sont ennemis d'eux-mêmes et des autres.

380 Le Mahāyāna a pour nature
La charité, la morale, la patience, l'effort,
La concentration, la sagesse et la compassion ;
Comment pourrait-il jamais mal expliquer
les choses ?

381 Les buts des autres [s'accomplissent]
dans la charité et la morale,
Les siens propres [s'accomplissent]
dans la patience et l'effort.
La concentration et la sagesse entraînent
la libération,
Telles sont les vertus qui résument le sens
du Mahāyāna.

382 Le but d'agir pour le bien des autres comme
pour le sien propre et la signification
De la libération tels qu'ils ont été brièvement
enseignés [dans le Hīnayāna]
Par Bouddha sont contenus dans les six perfections ;
Aussi le Mahāyāna est-il la parole de Bouddha.

383 Ceux que l'ignorance aveugle ne peuvent supporter
Le Mahāyāna dans lequel Bouddha enseigne

La grande voie de l'illumination
Faite de mérite et de sagesse.

384 On dit qu'on ne peut concevoir les attributs
d'un Conquérant
Puisque ces attributs [qui sont ses causes]
sont inconcevables comme le ciel;
Aussi devons-nous accepter la grande nature
d'un Bouddha
Telle qu'elle est expliquée dans le Mahāyāna.

385 Si même la morale [de Bouddha] dépassait
La compréhension de Śāriputra,
Pourquoi ne pas accepter
La grande nature inconcevable d'un Bouddha?

386 L'enseignement de la non-production dans le
Mahāyāna
Et celui de l'extinction dans le Hīnayāna
se rapportent à la même vacuité
[Puisqu'ils montrent que l'existence inhérente]
s'éteint et que rien [qui existe en soi]
n'est produit;
Aussi devons-nous accepter le Mahāyāna
[comme la parole de Bouddha].

387 Si la vacuité et la grande nature
D'un Bouddha sont ainsi vues avec raison,
Comment les enseignements des deux
véhicules
Pourraient-ils être de valeur inégale aux yeux
du sage[43]?

388 Ce que le Tathāgata enseignait avec
une intention particulière
N'est pas aisé à comprendre.
Dès lors protège-toi par l'indifférence
Puisqu'il a enseigné un véhicule aussi
bien que trois[44].

389 Il n'y a pas de faute dans l'indifférence,
mais il y a une faute
Dans le mépris; comment alors pourrait-il
y avoir de la vertu?
Aussi ceux qui cherchent le bien pour eux-mêmes
Ne doivent-ils pas mépriser le Mahāyāna.

390 Puisque toutes les aspirations, les actes et les
Dévouements des Bodhisattvas
N'étaient pas expliqués dans le véhicule
des Auditeurs,
Comment pourrait-on devenir un Bodhisattva
en suivant cette voie?

391 [Dans le véhicule des Auditeurs,] Bouddha
n'a pas expliqué
Les bases de l'illumination d'un Bodhisattva;
Quelle autorité sur cette question
Pourrait être supérieure à celle du Conquérant?

392 Comment le fruit de la bouddhéité pourrait-il
être supérieur
[Si l'on y accède] par la voie commune aux
Auditeurs,
Dont les bases [de l'illumination] sont le sens des
Quatre Nobles Vérités et les aides auxiliaires
à l'illumination?

393 Les questions qui se fondent sur les actes
des Bodhisattvas
Ne sont pas mentionnées dans les sūtras
[du Hīnayāna],
Mais expliquées dans le Mahāyāna; aussi celui
qui voit clair
Doit-il l'accepter [comme la parole de Bouddha].

394 De même qu'un grammairien enseigne [d'abord]
À ses étudiants à lire l'alphabet,

De même Bouddha a enseigné à ses disciples
Les doctrines qu'ils pouvaient comprendre.

395 À certains, il enseigna les doctrines
Qui découragent le péché,
À certains, les doctrines qui encouragent le mérite,
À d'autres, les doctrines fondées sur la dualité.

396 À certains, il enseigna les doctrines fondées
sur la non-dualité,
À certains, il enseigna ce qui est profond et qui
effraie les timorés,
L'essence de la vacuité et de la compassion,
Les moyens d'accéder à l'illumination [suprême].

397 Aussi le sage doit-il abandonner
Toute haine pour le Mahāyāna
Et nourrir une foi particulière
Pour accéder à l'illumination parfaite.

398 Par la foi dans le Mahāyāna
Et par les pratiques qui y sont expliquées,
On connaît l'illumination suprême
Et toutes les joies qui jalonnent la voie.

399 En ce moment [où tu es roi], efforce-toi d'assimiler
Pleinement les pratiques de la charité,
de la morale et de la patience
Qui ont été spécialement enseignées pour les laïcs
Et qui possèdent une essence de compassion.

400 Toutefois, si à cause de l'impiété du monde
Il est dur de gouverner religieusement,
Il convient alors de te faire moine
Pour [trouver le chemin de] la pratique
et la grandeur.

Les actes du Bodhisattva

401 Devenu moine, il te faudra d'abord te former
Sur l'énergie [la morale],
Puis entreprendre la discipline de l'émancipation individuelle,
Écouter [réciter les écritures] fréquemment et en saisir le sens.

402 Ensuite, connaissant les fautes mineures, détourne-toi
Des sources qui doivent être abandonnées ;
Efforce-toi de reconnaître sûrement
Les cinquante-sept fautes.

403 La colère est une perturbation de l'esprit,
L'inimitié le perturbe encore davantage,
La duplicité est une manière de cacher ses fautes,
Le ressentiment, de s'accrocher aux mauvaises voies.

404 La malhonnêteté est une tromperie extrême,
La dissimulation, une escroquerie de l'esprit,
La jalousie est offensée par les bonnes qualités des autres ;
L'avarice est la peur de donner.

405 Être sans gêne et sans vergogne,
C'est être insensible à soi-même et aux autres,
La fatuité conduit à l'irrespect,
Tandis que l'effort mal intentionné est une pollution de la colère.

406 L'arrogance est de la hauteur,
L'inconscience est l'oubli des vertus,
L'orgueil a sept formes
Que j'expliquerai une à une.

407 Se vanter d'être plus humble que l'humble,
Égal à l'égal, ou plus grand
Ou égal à l'humble,
C'est ce que l'on appelle l'orgueil
de l'individualité.

408 Se vanter d'être égal à ceux
Qui, par quelque qualité, sont meilleurs que soi,
C'est l'orgueil de se croire supérieur.
Se croire plus haut que les plus hauts,

409 Qui eux-mêmes se figurent être supérieurs,
C'est de l'orgueil plus grand que l'orgueil;
Comme un abcès dans une tumeur,
C'est très dangereux.

410 Concevoir un «Moi» par ignorance
Des cinq vides [agrégats]
Que l'on appelle l'appropriation,
C'est l'orgueil de penser «Moi».

411 Se flatter d'avoir gagné des fruits qui n'ont
pas encore
Été récoltés, c'est l'orgueil de la prétention.
Se louer pour avoir mal agi,
C'est, aux yeux du sage, l'orgueil injustifié.

412 Se dénigrer soi-même, penser :
«Je suis insensé», c'est ce que l'on appelle
L'orgueil de l'humiliation.
Tels sont en bref les sept orgueils.

413 L'hypocrisie, c'est contrôler les opinions
Pour obtenir des biens et du respect,

La flatterie, c'est parler en termes plaisants
Pour obtenir des biens et du respect.

414 L'acquisition indirecte est une manière de louer
La fortune des autres pour en profiter,
L'acquisition artificieuse consiste à dénigrer
Les autres pour prendre leurs biens.

415 Le désir d'ajouter le profit au profit,
C'est se flatter de ses acquisitions précédentes,
La médisance, c'est répéter
Les erreurs commises par d'autres.

416 L'agitation est une excitation égoïste
Sans égard pour les autres,
L'obstination est l'attachement
Des paresseux à leurs mauvaises possessions.

417 L'invention de différences est une discrimination
Obscurcie par le désir, la haine ou la confusion,
Ne pas regarder dans son esprit,
C'est ne vouloir l'appliquer à rien.

418 Celui qui, par paresse, perd tout respect et
révérence
Pour ceux qui pratiquent comme lui
Est un guide spirituel qui ne suit pas les voies
Du Bienheureux; on le considère comme
mauvais.

419 L'attachement est un petit esclavage
Né du désir,
Quand il est fort, c'est un grand esclavage
Né du désir.

420 La cupidité consiste
À s'accrocher à ses propres biens,
La convoitise est l'attachement
Aux biens des autres.

421 La concupiscence impie est la glorification
lubrique
Des femmes auxquelles on doit [en fait] renoncer.
L'hypocrisie, c'est [feindre] d'avoir de bonnes
qualités
Dont on est dépourvu tout en recherchant le péché.

422 Le grand désir est une avidité extrême
qui va au-delà
De la chance de connaître la satisfaction,
Le désir de vaincre, c'est l'envie d'être
toujours connu
Pour avoir des qualités supérieures.

423 La non-endurance est l'incapacité de supporter
L'outrage et la souffrance ; l'inconvenance,
C'est ne pas respecter les activités
D'un maître ou d'un guide spirituel.

424 Le refus d'écouter, c'est ne pas prendre
en considération
Les conseils des autres pratiquants.
Le besoin de rencontrer ses parents
Est un attachement affectueux à sa famille.

425 L'attachement aux objets, c'est insister
Sur leurs qualités en vue de se les procurer.
La croyance en l'immortalité,
C'est le refus de se préoccuper de la mort.

426 Le besoin de faire connaître [ses qualités],
C'est la pensée que l'apparence du savoir
Et de la richesse suffira pour être choisi
Comme guide par les autres.

427 L'intention chargée de désir, c'est un souhait
D'aider les autres motivé par le désir.
L'intention malveillante,
C'est le souhait de faire du mal aux autres.

428 L'aversion suppose un esprit instable,
Le désir d'union, un esprit sale,
L'indifférence, un corps sans effort,
Une lassitude paresseuse.

429 Être affecté, c'est subir,
Dans son corps et son teint, l'influence des afflictions,
Le refus de se nourrir s'explique
Par une indisposition due aux excès.

430 Un esprit très faible est, enseigne-t-on,
Timoré et craintif,
Le regret des désirs,
C'est l'envie de retrouver les cinq attributs[45].

431 L'intention malveillante envers les autres
Dérive de neuf causes : des doutes insensés
Sur soi-même, ses amis et ennemis,
Dans le passé, le présent et l'avenir.

432 La mollesse est une absence d'activité
Causée par un esprit et un corps lourds,
Le sommeil est de la passivité ; l'excitation
Est un manque de paix physique et mentale.

433 La contrition est un repentir
Qui naît après le tort causé par de mauvaises actions,
Le doute est l'hésitation de l'esprit
Quant aux vérités, aux Trois Joyaux et au reste.

434 Les Bodhisattvas [laïcs] renoncent à tout ce qui précède,
Tandis que ceux qui respectent les vœux [des moines] abandonnent davantage encore.
Libérés de ces défauts,
Ils observent facilement les vertus.

435 En résumé, les vertus observées
Par les Bodhisattvas sont
La charité, la morale, la patience, l'effort,
La concentration, la sagesse, la compassion
et ainsi de suite.

436 La charité, c'est distribuer
Toutes ses richesses, la morale, c'est aider les autres,
La patience, c'est renoncer à la colère,
L'effort, c'est se réjouir dans les vertus.

437 La concentration est la focalisation sereine
de l'esprit sur un seul point,
La sagesse est la connaissance certaine du sens
des vérités,
La compassion, c'est l'esprit qui n'éprouve
Que pitié et amour pour tous les êtres sensibles.

438 De la charité vient la richesse, de la morale,
le bonheur,
De la patience, une allure agréable, de
[l'effort dans] la vertu
vient le rayonnement, de la concentration, la
paix, de la sagesse,
La libération, et par la compassion tous les buts
sont réalisés.

439 Dans la perfection simultanée
De ces sept [vertus],
On atteint la sphère de l'inconcevable sagesse,
Protectrice du monde.

440 De même que les huit stades des Auditeurs
Sont expliqués dans leur véhicule,
Les dix étapes du Bodhisattva
Le sont dans le Mahāyāna.

441 La première est la Terre très joyeuse
Car elle réjouit le Bodhisattva.

Il se détourne des trois entraves[46]
Et naît dans la lignée des Tathāgatas.

442 Par la maturation de ces qualités,
Il accède à la perfection de la charité suprême,
Il ébranle une centaine d'univers
Et devient un grand seigneur du monde.

443 La deuxième est appelée la Terre immaculée
Parce que les dix actions [vertueuses]
Du corps, de la parole et de l'esprit sont sans tache
Et parce qu'il s'y tient naturellement.

444 Par la maturation de ces qualités,
Il accède à la perfection de la moralité suprême,
Il devient un monarque universel, secourable,
Maître des glorieux [quatre continents]
Et des sept substances précieuses.

445 La troisième étape est appelée la Terre splendide
Parce que la lumière apaisante de la sagesse l'éclaire.
Les facultés de concentration et de clairvoyance s'épanouissent,
Tandis que le désir et la haine s'éteignent complètement.

446 Par la maturation de ces qualités,
Il pratique les actes de patience à leur niveau le plus élevé
Et, en mettant un terme absolu au désir,
Il devient un grand sage, roi des dieux.

447 La quatrième étape est appelée la Terre rayonnante
Car elle resplendit de la lumière de la vraie sagesse
Dans laquelle il cultive à leurs stades suprêmes
Les auxiliaires indispensables de l'illumination.

448 Par la maturation de ces qualités,
Il devient un roi des dieux dans [le ciel] sans combat[47],
Il maîtrise la faculté de réprimer la conception
Que l'ensemble transitoire [est un véritable Soi].

449 La cinquième étape est appelée la Terre inaccessible
Car il y est hors d'atteinte des mauvais;
Il maîtrise la connaissance du sens subtil
Des Nobles Vérités et du reste.

450 Par la maturation de ces qualités,
Il devient un roi des dieux qui résident dans le Ciel joyeux[48],
Il a vaincu les sources des afflictions
Et les vues de tous les passeurs de gué.

451 La sixième étape est appelée la Terre en vue de la sagesse
Car il approche des qualités d'un Bouddha;
Par la maîtrise de la quiétude mentale et de la compréhension spéciale,
Il atteint la cessation de la souffrance et progresse ainsi [en sagesse].

452 Par la maturation de ces qualités,
Il devient un roi [dans le ciel] des dieux qui aiment les émanations[49].
Les Auditeurs ne peuvent le surpasser, il apporte la paix
À ceux qui sont en proie à l'orgueil de la supériorité.

453 La septième étape est la Terre qui va loin
Car le nombre [de ses qualités] s'est accru,
À tout moment il peut accéder
À l'équilibre de la cessation.

454 Par la maturation de ces qualités,
Il devient un maître [dans le ciel] des dieux qui

maîtrisent les autres émanations[50],
Il devient un grand guide pour les maîtres spirituels
Car il connaît les [Quatre] Nobles Vérités.

455 La huitième étape est la Terre immuable,
le stade de la jeunesse;
Grâce à la non-conceptualité, il est désormais
immuable
Et les sphères des activités de son corps,
De sa parole et de son esprit sont inconcevables.

456 Par la maturation de ces qualités,
Il devient un Brahmā, maître de mille mondes,
Ni Destructeurs de l'ennemi ni Illuminés solitaires
Ne peuvent le surpasser dans l'interprétation
du sens [des doctrines].

457 La neuvième étape est appelée
La Terre de la bonne intelligence.
Il a atteint la juste réalisation individuelle
Et possède dès lors la bonne intelligence.

458 Par la maturation de ces qualités,
Il devient un Brahmā, maître d'un million de
mondes,
Ni Destructeurs de l'ennemi ni autres
ne peuvent le surpasser
Pour répondre aux questions qui occupent
les pensées des êtres sensibles.

459 La dixième étape est la Terre du nuage de la
Doctrine,
Parce qu'il y tombe la pluie de l'excellente
Doctrine,
L'état du Bodhisattva est attesté,
Dans la lumière, par les Bouddhas.

460 Par la maturation de ces qualités,
Il devient maître des dieux de la Terre pure,

Seigneur suprême, maître
De la sphère de l'infinie sagesse.

461 Ainsi ces dix étapes sont connues
Comme celles des Bodhisattvas.
Le stade de la bouddhéité est différent,
Inconcevable par quelque moyen que ce soit.

462 On dit simplement que son étendue sans limites
Englobe les dix pouvoirs;
Chacun de ces pouvoirs est incommensurable
également,
Comme [le nombre illimité] de tous les migrateurs.

463 L'infinité des [qualités] d'un Bouddha
Est, dit-on, comme celle de l'espace,
De la terre, de l'eau, du feu
Et du vent dans toutes les directions.

464 Si les causes sont [réduites] à une simple
[Mesure] et ne sont pas perçues comme
illimitées,
On ne croira pas en l'infinité
[Des qualités] des Bouddhas.

465 Aussi, en présence d'une image,
D'un reliquaire ou de quelque autre objet de culte,
Répète trois fois par jour
Ces vingt stances:

466 «Cherchant, avec toutes formes de respect,
Refuge auprès des Bouddhas, de l'excellente
Doctrine,
De la Communauté suprême et des Bodhisattvas,
Je me prosterne devant tout ce qui est digne
d'être honoré.

467 Je me détournerai de tous les péchés
Et j'observerai pleinement toutes les vertus,

J'admirerai tous les mérites
De tous les êtres incarnés.

468 Tête courbée et mains jointes,
J'implore les Bouddhas parfaits
De faire tourner la roue de la Doctrine
et de demeurer
Aussi longtemps que les êtres transmigreront.

469 Grâce au mérite d'avoir accompli tout ceci
Et grâce au mérite que j'ai accumulé et que
j'accumulerai,
Puissent tous les êtres sensibles
Aspirer à l'illumination suprême.

470 Puissent tous les êtres sensibles acquérir les
pouvoirs
Immaculés, libres de toute dépendance,
Libres d'agir
Et de mener une bonne vie.

471 Puissent tous les êtres incarnés
Avoir les mains pleines de joyaux
Et puissent les innombrables ressources
nécessaires à la vie
Ne jamais s'épuiser tant que durera le cycle
des existences.

472 Puissent tous les êtres [naître]
Toujours comme des humains supérieurs[51],
Puissent tous les êtres incarnés acquérir
La sagesse et le soutien [de la morale].

473 Puissent les êtres incarnés avoir une bonne
complexion,
Un physique sain, une grande beauté, un aspect
agréable,
Une santé épargnée par la maladie,
La puissance et une longue vie.

474 Puissent-ils tous apprendre les moyens
[de mettre un terme
À la souffrance] et en être libérés,
La fusion dans les Trois Joyaux,
Et l'immense richesse de la Doctrine de Bouddha.

475 Puissent-ils être embellis par l'amour,
la compassion, la joie,
La sérénité [exempte des] afflictions,
La charité, la moralité, la patience, l'effort,
La concentration et la sagesse.

476 Puissent-ils avoir les signes resplendissants
majeurs et mineurs [d'un Bouddha]
Par l'achèvement des deux accumulations
[de mérite et de sagesse]
Et puissent-ils parcourir sans s'arrêter
Les dix étapes inconcevables.

477 Puissé-je moi aussi m'orner complètement
De ces bonnes qualités et de toutes les autres,
Me libérer de tous mes défauts et acquérir
L'amour supérieur pour tous les êtres sensibles.

478 Puissé-je parachever toutes les vertus
Auxquelles aspirent les êtres incarnés
Et puissé-je toujours soulager
Les souffrances de tous les êtres incarnés.

479 Puissent ces êtres qui, dans tous les mondes,
Sont en proie à la peur
Perdre toute crainte
En entendant simplement mon nom.

480 Puissé-je apporter à ceux qui me voient ou
qui pensent à moi,
Ou qui seulement entendent mon nom, une
grande joie,
Une simplicité libérée de l'erreur.

La certitude d'être sur la voie de l'illumination
complète,

481 Et les cinq clairvoyances
Tout au long de leur continuum de vies.
Puissé-je par toutes les façons
Apporter secours et bonheur aux êtres sensibles.

482 Puissé-je toujours arrêter,
Sans causer de tort en même temps,
Tous les êtres qui dans tous les mondes
Se laissent tenter par les péchés.

483 Puissé-je toujours être un objet de contentement
Pour tous les êtres sensibles, conformément à
leurs vœux
Et sans interférence, comme le sont la terre,
L'eau, le feu, le vent, les remèdes et les forêts.

484 Puissé-je être aussi cher aux êtres sensibles
Que leur propre vie et puissent-ils m'être très chers,
Puissent leurs péchés fructifier pour moi
Et toutes mes vertus pour eux.

485 Aussi longtemps qu'il restera quelque part un
être sensible
Qui n'aura pas été libéré,
Puissé-je demeurer [dans le monde] pour son salut,
Même si j'ai atteint l'illumination. »

486 Si le mérite dont parle cette prière
Avait une forme, il ne suffirait jamais
À des mondes aussi nombreux
Que les grains de sable dans le Gange.

487 Ainsi parlait le Bienheureux,
Et la raison en est la suivante :
[L'infinité du mérite à] vouloir aider
les mondes innombrables

Des êtres sensibles est équivalente
[à l'infinité de ces êtres].

488 Ces pratiques
Que je t'ai brièvement expliquées
Devraient toujours
T'être aussi chères que ton propre corps.

489 Celui qui fait grand cas des pratiques
Se soucie en fait de son corps;
Si le soin qu'il en a est profitable [à son corps],
Les pratiques le seront tout autant.

490 Aussi, prête attention aux pratiques autant qu'à toi-même,
Prête attention à leur observance autant qu'aux pratiques,
Prête attention à la sagesse autant qu'à l'observance,
Prête attention au sage autant qu'à la sagesse.

491 Celui qui hésite à [se fier] au sage
Dont la pureté, l'amour, l'intelligence,
La parole juste et secourable seraient, craint-il, mauvaises pour lui,
Celui-là prépare la ruine de ses propres intérêts.

492 Il convient que tu saches reconnaître
Les qualifications des guides spirituels;
Si tu reçois l'enseignement de ceux qui savent
Quelle est la voie du contentement, qui par leur compassion, leur moralité

493 Et leur sagesse peuvent te mener vers l'extinction de tes afflictions,
Tu dois pouvoir [t'en remettre à eux] et les respecter.
Tu accéderas à la réalisation suprême
En suivant cet excellent système:

494 Dis la vérité, parle aux êtres sensibles
avec douceur,
Dis ce qui par nature est agréable,
Ce qui est [profitable], ce qui est difficile à trouver;
Parle clairement, sans diffamer,
Parle indépendamment et bien.

495 Fais preuve de discipline, de retenue, de générosité,
Sois attentif, serein,
Sans excitation, ni tromperie,
Ni procrastination, mais avec constance.

496 Sois clair comme la lune [quand elle est] pleine
Et rayonnant comme le soleil d'automne,
Sois profond comme l'océan
Et ferme comme le mont Meru.

497 Libère-toi de tous tes défauts, pare-toi
De toutes les vertus, deviens
Le soutien de tous les êtres sensibles
Et accède à la connaissance universelle.

498 Ces doctrines n'ont pas été enseignées
Dans le seul souci d'aider les rois,
Mais dans l'intention d'être utiles
À tous les autres êtres sensibles également.

499 Ô roi, il serait juste que chaque jour
Tu penses à ces conseils
Pour que toi et d'autres, vous puissiez
Accéder à l'illumination complète et parfaite.

500 Dans leur aspiration à l'illumination,
les disciples devraient toujours s'appliquer
À la morale et à la patience, se détourner
de la jalousie et de l'avarice,
Respecter leur maître et
Aider les démunis sans espoir
[de récompense],

Suivre toujours la voie qu'empruntent
les êtres supérieurs,
Quitter les autres et observer scrupuleusement
la Doctrine.

Ici s'achève *La Précieuse Guirlande des avis au roi* du grand maître Nāgārjuna. Elle fut d'abord traduite par l'abbé indien Vidyākāraprabhā et le moine traducteur tibétain Pel-tsek (dPal-brtsegs). En se fondant sur trois éditions sanskrites, l'abbé indien Śīkanakavarma et le moine tibétain Pa-tsap-nyi-ma-drak (Pa-tshab-nyi-ma-grags) corrigèrent les erreurs de traduction et d'autres points qui ne s'accordaient pas avec la pensée du maître Nāgārjuna et de son « fils » Āryadeva. Elle fut imprimée à Lhassa sur les presses de la grande maison d'édition au pied du Potala.

Guide des stances par Gyel-tsap (rGyal-tshab)

Notes

1. Les fruits décrits précédemment étaient les effets correspondants aux causes dans une vie humaine. Ici sont indiqués les effets concordants en termes de vies entières dans de mauvaises migrations.
2. « En fait » signifie « au regard de la vérité ultime » ou « au regard de l'analyse ».
3. Il y a ici une légère différence par rapport au seul texte sanskrit qui subsiste encore, de même d'ailleurs que dans les versets 47, 49, 51, 102, 123, 142, 342, etc. Toutefois, on a suivi la version des textes tibétains car, à l'époque de leur traduction, ils ont été confrontés avec trois textes sanskrits.
4. La production de la souffrance est due à la conception d'une existence inhérente ; sa cessation trouve sa cause dans la voie.
5. Préalablement et simultanément à leurs effets.
6. Le texte sanskrit donne une interprétation différente qui est proposée par l'autre édition tibétaine: « Quand le grand n'est pas, le petit n'existe pas par sa propre nature, de même qu'en l'absence de flamme il n'y a pas non plus de lumière. »
7. Les disciples de Kanāḍa, c'est-à-dire les Vaiśeṣikas.
8. Version sanskrite pour les deux dernières lignes: « Comment ce qui est produit, ce qui demeure et ce qui a cessé pourraient-ils exister en fait ? »
9. On ne voit pas que seule une partie d'une chose change. C'est pourquoi, si un atome changeait entièrement, on ne pourrait dire, comme le font les Vaiśeṣikas, qu'il est permanent mais que ses états sont impermanents.
10. « Sans fondement » signifie qu'elle n'offre pas de support à la conception que les choses ont une existence inhérente.
11. Les « passeurs de gué » sont en sanskrit les *tīrthika*, c'est-à-dire les non-bouddhistes qui prônent et suivent une voie, ou un gué, pour atteindre la libération ou les conditions élevées.
12. Les agrégats et le Soi peuvent être exprimés comme étant soit un soit différents, parce que tous les phénomènes sont soit uns soit différents.
13. L'eau, le feu, le vent, ou la cohésion, la chaleur et le mouvement.
14. Les puissances des quatre éléments sont réputées être présentes en toutes choses. La prédominance d'un élément par rapport aux autres détermine ce qui est manifesté.

15. Les constituants sont la terre, l'eau, le feu, le vent, l'espace et la conscience, qui sont posés comme étant un Soi.
16. Voir note 15.
17. Il a déjà été établi qu'il n'y a ni chose ni vérité existant en soi ; donc il n'y a ni non-chose ni fausseté existant en soi, puisque les secondes n'existent qu'en relation aux premières.
18. Un contradicteur s'étonne : « D'innombrables Bouddhas œuvrent à la libération d'êtres sensibles encore plus nombreux ; il n'y a pas de nouveaux êtres sensibles ; donc avec le temps tous devraient être libérés. Puisque cette extinction ou libération des êtres du monde n'en accroît bien évidemment pas le nombre, le monde doit en définitive avoir une fin. Alors pourquoi le Bouddha est-il resté silencieux à propos d'une fin du monde ? »
19. Le premier extrême du monde limité est défendu par les nihilistes qui disent que le Soi s'achève dans cette vie et ne continue pas dans une vie future. Le deuxième extrême du monde sans limites est soutenu par les Sāṃkhyas qui disent que le Soi de cette vie passe dans la vie suivante. Le troisième extrême du monde à la fois limité et illimité est avancé par les Jainas qui affirment que les états du Soi sont limités, mais que la nature du Soi est sans limites. Le quatrième extrême du monde qui n'est ni limité ni illimité est défendu par les bouddhistes partisans d'un Soi (Pudgalavādin), qui affirme l'existence d'un Soi véritable dont on ne peut savoir s'il est permanent ou impermanent.
20. Ceux qui acceptent la vacuité, mais la comprennent comme le néant.
21. Ceux qui comprennent la vacuité comme la négation de la cause et de l'effet et qui pour cela la rejettent.
22. « L'agrément des propos », c'est la conversation traitant des conditions élevées et de la félicité absolue. « L'intention du comportement », c'est d'inciter les autres à pratiquer ce qui est secourable. Quant à la « concordance », c'est de pratiquer soi-même ce qu'on enseigne aux autres.
23. Parfois l'effet horrible d'une mauvaise action se voit dans cette vie et parfois il ne se voit que dans une vie ultérieure. Si l'on se rassure quand on n'en voit pas les effets, pourquoi, quand on les voit, n'éprouve-t-on pas de crainte face aux mauvaises actions ?
24. Les neuf orifices sont les yeux, les oreilles, le nez, la bouche, les organes génitaux et l'anus.
25. « Reliquaires » désigne ici en fait les Bouddhas.
26. Il s'agit d'une grosseur charnue au sommet de la tête d'un Bouddha ; elle est perceptible, mais sa taille ne l'est pas.
27. Un cercle de poils entre les sourcils.

28. Le chapitre comporte une strophe excédentaire sur laquelle Gyel-tsap (rGyal-tshab) ne fait aucun commentaire; c'est pourquoi elle est mise entre crochets.
29. Cette souffrance est une forme de vertu particulière et le mot n'implique pas qu'elle n'est pas souhaitée.
30. La dernière ligne adopte une interprétation donnée par Gyel-tsap. Elle se traduit sinon par: « Et s'appuyer respectueusement sur eux au moyen des six pratiques. »
31. Tīrthika.
32. Il s'agit ici de prévoir à chaque point d'eau des formules pour soulager les maladies, ainsi que le nom et l'usage des remèdes.
33. Le sucre, le beurre clarifié, le miel, l'huile de sésame et le sel.
34. La faculté de réduire en une de nombreuses émanations et inversement.
35. En construisant des temples et en endurant les difficultés pour le bien de la Doctrine.
36. La traduction tibétaine propose deux sens pour la dernière ligne en sanskrit, le premier fondé sur *yasmāt* et le second sur *tasmāt*.
37. La « grande exaltation » désigne l'ampleur des constructions de temples et autres services publics.
38. Le texte tibétain omet « vêtements ».
39. Les objets appréhendés par les autres sens ne peuvent être reconnus comme agréables parce que la pensée de plaisir ne peut s'arrêter que sur un objet à la fois.
40. Le présent dépend forcément du passé et de l'avenir pour être présent mais, s'il n'existe ni dans le passé ni dans l'avenir, il ne peut véritablement dépendre d'eux. Si, au contraire, le présent existe dans le passé et dans l'avenir, alors c'est qu'il n'est pas différent d'eux.
41. Si les quatre éléments étaient entièrement confondus, ils perdraient leurs caractères individuels.
42. Y a-t-il un esprit qui certifie l'existence d'un esprit qui appréhende le réel ? S'il existait simultanément un second esprit pour percevoir le premier, il pourrait en certifier l'existence véritable; cependant tous les esprits dépendent des facteurs mentaux et sont donc irréels. En outre, l'esprit qui certifie en aurait besoin d'un autre pour attester de son existence. Il s'ensuit que ce n'est que par convention que l'on dit que l'esprit perçoit la réalité.
43. L'inégalité serait de considérer que l'un est la parole de Bouddha et l'autre pas.
44. Si l'on ne peut comprendre l'enseignement de Bouddha en raison de sa complexité, la meilleure attitude est l'indifférence ou la neutralité.
45. Les formes, les sons, les odeurs, les goûts et les objets tangibles.

46. La conception des agrégats mentaux et physiques qui ne sont qu'un ensemble transitoire comme un véritable Soi, le doute affligé et la croyance en la supériorité des mauvaises morales et disciplines.
47. Yāma.
48. Tuṣita.
49. Nirmāṇarati.
50. Paranirmitavaśavartin.
51. Cette traduction est conforme aux vues développées par Nāgārjuna dans ses ouvrages sur le tantra du Yoga suprême (Anuttarayogatantra).

Glossaire

Abhidarma : Connaissance, étude des phénomènes.
Adhiprajñā : Sagesse suprême.
Adhisamādhi : Méditation suprême.
Adhiśīla : Morale suprême.
Anuttara-yoga : Yoga suprême, la quatrième catégorie de tantras.
Arhan : Destructeur de l'ennemi.
Ārya : Maître.
Āryan : Maître, une personne qui s'est élevée au-dessus des êtres ordinaires par la connaissance directe de la vacuité.
Āyatana : Sources.
Caryā : Pratique, la deuxième des quatre catégories de tantras.
Dharma : Ce qui tient, les phénomènes, la pratique religieuse.
Dharma-kāya : Corps de vérité, Corps de sagesse et du nirvāṇa.
Dhātu : Types d'éléments des processus psychiques.
Hīnayāna : Petit véhicule.
Kriyā : Action, la première des quatre catégories de tantras.
Mahāyāna : Grand véhicule.
Nirmāṇa-kāya : Corps d'émanation.
Prajñā : Sagesse.
Pratyekabuddha : Illuminé solitaire.
Rūpa-kāya : Corps formel.
Ṣamādhi : Méditation.
Śamatha : Quiétude durable de l'esprit.
Śīla : Morale.
Ṣkandha : Agrégats physiques et mentaux.
Śrāvaka : Auditeur.
Sūtrānta : Classe des écritures.
Tīrthika : Passeur de gué, un non-bouddhiste qui professe un passage — un gué — pour accéder à la libération.
Triśikṣā : Trois formations.
Vinaya : Discipline.
Vipaśyanā : Compréhension spéciale.

Bibliographie

Les numéros des textes et des volumes correspondant à la publication de l'édition de Pékin par la Suzuki Research Foundation sont mentionnés après les titres sanskrits et tibétains.

I. Textes cités par l'auteur

Commentaire sur l'« Abrégé sur les critères de la connaissance juste » (de Dignāga), de Dharmakīrti
Pramāṇavārttika
Tshad ma rnam 'grel
(P5709, vol. 130)

Sūtra abrégé sur la Perfection de la sagesse, de Bouddha
Sañcayagāthā-prajñāpāramitā-sūtra
Shes rab kyi pha rol tu phyin pa sdud pa tshigs su bcad pa
(P735, vol. 21)

Introduction aux Actes du Bodhisattva, de Śāntideva
Bodhicaryāvatāra
Byang chub sems dpa'i spyod pa la 'jug pa
(P5272, vol. 99)

Quatre Cents ou *Traité des Quatre Cents Stances*, d'Āryadeva
Catuḥśatakaśāstrakārikā
bsTan bcos bzhi brgya pa zhes bya ba'i tshig le'ur byas pa
(P5246, vol. 95)

Texte fondamental appelé « Sagesse » ou *Stances fondamentales sur la Voie du Milieu appelées « Sagesse »*, de Nāgārjuna
Prajñā-nāma-mūlamadhyamakakārikā
dBu ma rtsa ba'i tshig le'ur byas pa shes rab ces bya ba
(P5224, vol. 95)

Sūtra des Cent Mille Stances sur la perfection de la sagesse, de Bouddha
Śatasāhasrikā-prajñāpāramitā-sūtra
Shes rab kyi pha rol tu phyin pa stong phrag brgya pa
(P730, vol. 12-18)

Chapitre de Kāśyapa dans le *Sūtra de l'Accumulation des trésors*, de Bouddha

Kāśyapaparivarta-sūtra [dans le] Ratnakūṭa-sūtra
'Od srung gi le'u'i mdo [dans le] dKon mchog brtseg pa'i mdo
(P760-43, vol. 24)

Ornement des Sūtras du Mahāyāna, de Maitreya
Mahāyānasūtrālaṃkāra
Theg pa chen po'i mdo sde'i rgyan
(P5521, vol. 108)

Louange de l'Élément de qualités supérieures, de Nāgārjuna
Dharmadhātustotra
Chos kyi dbyings su bstod pa
(P2010, vol. 46)

Louange du Transcendantal, de Nāgārjuna
Lokātītastava
'Jig rten las 'das par bstod pa
(P2012, vol. 46)

La Précieuse Guirlande des avis au roi, de Nāgārjuna
Rājaparikathāratnāvalī
rGyal po la gtam bya ba rin po che'i phreng ba
(P5658, vol. 129)

Sūtra des Questions du roi des Nāgas, Anavatapta, de Bouddha
Anavataptanāgarājaparipṛcchā-sūtra
Klu'i rgyal po ma dros pas zhus pa'i mdo
(P823, vol. 33)

Soixante-Dix Stances sur la Vacuité, de Nāgārjuna
Śūnyatāsaptatikārikā
sTong pa nyid bdun cu pa'i tshig le'ur byas pa
(P5227, vol. 95)

Soixante-Dix Stances sur les Trois Refuges, de Candrakīrti
Triśaraṇasaptati
gSum la skyabs su 'gro ba bdun cu pa
(P5366, vol. 103)

Sublime Science ou *Traité du Mahāyāna sur la Sublime Science*, de Maitreya
Mahāyānottaratantraśāstra
Theg pa chen po rgyud bla ma'i bstan bcos
(P5525, vol. 108)

Supplément au « Traité sur la Voie du Milieu » (de Nāgārjuna), de Candrakīrti
Madhyamakāvatāra
dBu ma la 'jug pa
(P5262, vol. 98)

Sūtra sur les Quatre Vérités, de Bouddha
Catuḥsatya-sūtra
bDen pa bzhi'i mdo
(P982, vol. 39)
Sūtra des Vingt-Cinq Mille Stances sur la perfection de la sagesse, de Bouddha
Pañcaviṃśatisāhasrikā-prajñāpāramitā-sūtra
Shes rab kyi pha rol tu phyin pa stong phrag nyi shu lnga pa
(P731, vol. 18-19)
Sūtra du Déploiement de la pensée, de Bouddha
Saṃdhinirmocana-sūtra
dGongs pa nges par 'grel pa'i mdo
(P774, vol. 29)

II. Commentaires

Brillante Illumination de la pensée, une explication du traité (de Candrakīrti) *« Supplément au "Traité fondamental sur la Voie du Milieu"* (de Nāgārjuna) », de Tsong-ka-pa (Tsong-kha-pa)
bsTan bcos chen po dbu ma la 'jug pa'i rnam bshad dgongs pa rab gsal
(P6143, vol. 154)
Commentaire sur le « Traité du Mahāyāna sur la Sublime Science » (de Maitreya), de Gyel-tsap (rGyal-tshab)
Theg pa chen po rgyud bla ma'i ṭīkā
Entrée des fils du Bouddha, une explication de l'« Introduction aux Actes du Bodhisattva » (de Sāntideva), de Gyel-tsap (rGyal-tshab)
Byang chub sems dpa'i spyod pa la 'jug pa'i rnam bshad rgyal sras 'jug ngogs
Essence des bonnes expositions, une explication des « Quatre Cents » (d'Āryadeva), de Gyel-tsap (rGyal-tshab)
bZhi brgya pa'i rnam bshad legs bshad snying po
Océan de raison, une explication approfondie du Grand Traité (de Dharmakīrti) *« Commentaire sur l'"Abrégé sur les critères de la connaissance juste"* (de Dignāga) », de Kay-drup (mKhas-grub)
rGyas pa'i bstan bcos tshad ma rnam 'grel gyi rgya cher bshad pa rigs pa'i rgya mtsho

Table des matières

Imprimé en France par la Société Nouvelle Firmin-Didot
Dépôt légal : mars 1997
CNE section commerce et industrie Monaco : 19023
N° d'impression : 37941